지방 교육의 중심지,
향교

지방 교육의 중심지,
향교

초판 1쇄 인쇄 2024년 11월 18일
초판 1쇄 발행 2024년 12월 2일

—

기 획 한국국학진흥원
지은이 신동훈
펴낸이 이방원

책임편집 정조연   **책임디자인** 박혜옥
마케팅 최성수·김 준   **경영지원** 이병은

—

펴낸곳 세창출판사

신고번호 제1990-000013호 **주소** 03736 서울특별시 서대문구 경기대로 58 경기빌딩 602호

전화 02-723-8660 **팩스** 02-720-4579 **이메일** edit@sechangpub.co.kr **홈페이지** http://www.sechangpub.co.kr

블로그 blog.naver.com/scpc1992 **페이스북** fb.me/Sechangofficial **인스타그램** @sechang_official

—

ISBN 979-11-6684-379-2 94910
       979-11-6684-164-4 (세트)

한국국학진흥원 전통생활사총서 36

지방 교육의 중심지,
향교

신동훈 지음
한국국학진흥원 기획

세창출판사

한국국학진흥원에서는 2022년부터 문화체육관광부의 지원으로 전통생활사총서 사업을 기획하였다. 매년 생활사 전문 연구진 20명을 섭외하여 총서를 간행하기로 했다. 지난해에 20종의 총서를 처음으로 선보였다. 전통시대의 생활문화를 대중에 널리 알리기 위한 여정은 계속되어 올해도 20권의 총서를 발간하였다.

한국국학진흥원은 국내에서 가장 많은 약 65만 점에 이르는 민간기록물을 소장하고 있는 기관이다. 대표적인 민간기록물로 일기와 고문서가 있다. 일기는 당시 사람들의 일상을 세밀하게 이해할 수 있는 생활사의 핵심 자료이고, 고문서는 당시 사람들의 경제 활동이나 공동체 운영 등 사회경제상을 이해할 수 있는 자료이다.

한국의 역사는 '조선왕조실록'이나 '승정원일기'와 같이 세계적으로 자랑할 만한 국가기록물의 존재로 인해 중앙을 중심으로 이해되어 왔다. 반면 민간의 일상생활에 대한 이해나 연구는 관심을 덜 받았다. 다행히 한국국학진흥원은 일찍부터 민간에 소장되어 소실 위기에 처한 자료들을 수집하고 보존처리를 통해 관리해 왔다. 또한 이들 자료를 번역하고 연구하여 대중에 공개했다. 이러한 민간기록물을 활용하고 일반에 기여할 수 있는 방법으로 '전통시대 생활상'을 대중서로 집필하여 생생하게 재현하여 전달하고자 했다. 일반인이 쉽게 읽을 수 있는 교양학술총서를 간행한 이유이다.

총서 간행을 위해 일찍부터 생활사의 세부 주제를 발굴하는 전문가 자문회의를 개최하고, 전통시대 한국의 생활문화를 가장 잘 구현할 수 있는 핵심 키워드를 선정하였다. 전통생활사 분류는 인간의 생활을 규정하는 기본 분류인 정치, 경제, 사회, 문화로 지정하였다. 이를 기반으로 매년 각 분야에서 핵심적인 키워드를 선정하여 집필 주제를 정했다. 이번 총서의 키워드는 정치는 '과거 준비와 풍광', 경제는 '국가경제와 민생', 사회는 '소외된 사람들의 삶', 문화는 '교육과 전승'이다.

각 분야마다 5명의 집필진을 해당 어젠다의 전공자로 구성하였다. 어디서나 간단히 들고 다니며 쉽게 읽을 수 있도록 최대한 이야기체 형식으로 서술해 달라고 부탁하였다. 다양한 사례의 풍부한 제시와 전문연구자의 시각이 담겨 있어 전문성도 담보할 수 있는 것이 본 총서의 매력이다.

전문적인 서술로 대중을 만족시키기는 매우 어렵다. 원고

의뢰 이후 5월과 8월에는 각 분야의 전공자를 토론자로 초청하여 2차례의 포럼을 진행하였다. 11월에는 완성된 초고를 바탕으로 1박 2일에 걸친 대규모 학술대회를 개최하였다. 포럼과 학술대회를 바탕으로 원고의 방향과 내용을 점검하는 시간을 가졌다. 원고 수합 이후에는 각 책마다 전문가 3인의 심사의견을 받았다. 2024년에는 출판사를 선정하여 수차례의 교정과 교열을 진행했다. 책이 나오기까지 꼬박 2년의 기간이었다. 짧다면 짧은 기간이다. 그러나 2년의 응축된 시간 동안 꾸준히 검토 과정을 거쳤고, 토론과 교정을 통해 원고의 완성도를 높이기 위해 분주히 노력했다.

전통생활사총서는 국내에서 간행하는 생활사총서로는 가장 방대한 규모이다. 국내에서 전통생활사를 연구하는 학자 대부분을 포함하였다. 2023년도 한 해의 관계자만 연인원 132명에 달하는 명실공히 국내 최대 규모의 생활사 프로젝트이다.

1990년대 이후 폭발적으로 증가했던 일상생활사와 미시사 연구에 대한 학계의 관심이 근래에는 소홀해진 상황이다. 본 총서의 발간이 생활사 연구에 활력을 불어넣는 계기가 되기를 기대한다. 연구의 활성화는 연구자의 양적 증가로 이어지고, 연구의 질적 향상 또한 이끌 것이다. 그렇게 된다면 전통문화에 대한 대중들의 관심 역시 증가할 것으로 기대한다.

본 총서는 한국국학진흥원의 연구 역량을 집적하고 이를 대중에게 소개하기 위해 기획된 대표적인 사업의 하나이다. 참여한 연구자의 대다수가 전통시대 전공자이며 앞으로 수년간 지속적인 간행을 준비하고 있다. 올해에도 20명의 새로운 집필자가 각 어젠다를 중심으로 집필에 들어갔고, 내년에 또 20권의 책이 간행될 예정이다. 앞으로 계획된 총서만 100권에 달하며, 여건이 허락되는 한 지속할 예정이다.

대규모 생활사총서 사업을 지원해 준 문화체육관광부에 감사하며, 본 기획이 가능하게 된 것은 한국국학진흥원에 자료를 기탁해 준 분들 덕분이다. 다시 감사드린다. 아울러 총서 간행에 참여한 집필자, 토론자, 자문위원 등 연구자분들께도 감사인사를 전한다. 책의 편집을 책임진 세창출판사에도 감사드린다. 이 모든 과정은 한국국학진흥원 여러 구성원의 노력이 있었기에 가능했다.

2024년 11월
한국국학진흥원 인문융합본부

차례

고려는 지방의 주요 고을에 학교를 설치하고 지방의 자제
子弟들을 가르쳤다. 그러나 고려 중기 이후 거듭된 혼란한 정치
상황과 몽골 침입 등의 전란을 겪으면서, 지방의 학교 또한 다
수가 황폐해졌다. 이후 전란이 그치고 원과 고려의 관계가 형성
되면서 고려 사회도 차츰 안정을 회복했다. 이러한 분위기 속에
서 학교 또한 복구되기 시작했다.

여러모로 혼란했던 고려 말 사회와 별개로, 신유학의 물결
은 고려 땅을 적시었다. 격물치지格物致知부터 시작해 치국평천
하治國平天下를 이루기 위해선 글을 배워야 했다. 단순한 읽고 쓰
기가 아니었다. 주자朱子에 의해 새롭게 편집된 사서四書를 중심
으로 형이상학적인 내용을 익혀야 했다. 조선의 학교 설립은 이
러한 고려 말의 분위기로부터 이어진 것이었다. 태조 이성계를
도와 조선 건국의 기틀을 마련한 사람들은 고려 말부터 행해지
던 학교 복구에 박차를 가했다. '하나의 고을에 하나의 학교를
설립한다'는 목표 아래 지방의 학교 설립을 독려했다.

향교는 이러한 배경에서 지방에 설립된, 오늘날의 공립학교

와 같은 교육 기관이었다. 물론 앞서 언급한 것처럼 고려도 지방에 학교를 설립했다. 그러나 조선처럼 각 읍에 1개씩 학교를 짓고, 선생을 파견하고, 운영하지는 못했다. 없어졌던 향교가 다시 복구되었을 때, 혹은 그동안 보지 못했던 건물이 들어섰을 때, 당시 사람들은 향교를 어떻게 받아들였을까? 임진왜란으로 피난을 가야 했을 때, 마을 사람들은 향교의 위패를 땅에 묻거나 하는 식으로 향교를 지켰다. 조선이 무너지는 순간에도 향교는 존재했다. 한시가 급한 상황에서 향교의 위패를 향해 뛰어갔던 사람들은 어떤 마음이었을까?

일제강점기, 지방의 관아 건물은 대부분 훼철되어 그 땅에는 일제의 관공서가 들어서거나 일제의 학교가 들어섰고, 건물은 개인에게 매매되어 이건되는 등 오늘날 그 흔적을 찾기 어렵게 되었다. 반면 향교는 오늘날에도 그 명맥을 유지하고 있다. 물론 대부분의 향교들은 한국전쟁 이후 복구된 것이지만, 복구될 수 있었던 배경은 향교가 존속하고 있었기 때문이었다. 향교를 만든 조선이 없어졌음에도, 향교가 계속 존속되어 명맥을 유지할 수 있었던 이유는 무엇일까?

최근 들어, 향교는 지역의 문화콘텐츠로서 다시금 주목받고 있다. 지방자치제도의 시작으로 지역 특성화가 중요해짐에 따라 각 지자체의 역사성 구축 사업이 우후죽순 일어났다. 지역의 역사성 구축이 명분이었다면, 실리는 관광객 유치를 위한 볼거리·즐길거리를 마련하는 것이었다. 이러한 배경에서 조선시대 유물·유적 또한 활발히 복원되기 시작했다. 향교는 기존에 유지되어 오던 것을 바탕으로 증·개축하면 그럴듯하게 꾸밀 수 있었기에, 우선 복원 대상으로 선택받았던 것으로 보인다.

이렇게 보면, 향교는 조선시대부터 오늘날에 이르기까지 상당히 의미 있는 장소였음을 알 수 있다. 그런데 복원된 향교에 가서 명륜당 내지 동·서재에 앉아 있으면, '도대체 여긴 무얼 하는 공간인가?'라는 의문이 든다. 물론 향교 안내판에 해당 향교의 연혁이 자세히 서술되어 있지만, 그뿐이기 때문이다.

'집들이'로 예를 들어 보자. 누군가의 집에 초대를 받아 들어가면, 집주인이 간략하게 집 소개를 해준다. 물론 소개를 받지 않아도 아는 공간이 있다. 방, 마루, 화장실, 부엌 등이 그렇다. 주인은 각 방의 쓰임새를 설명해 주고, 손님은 주인의 설명을 참고해 해당 공간의 꾸밈새를 보면서 각 방의 쓰임새를 떠올려 볼 것이다. 만약 손님 스스로 떠올린 각 방의 쓰임새가 현 공간의 꾸밈새와 맞다면 별말이 없겠지만, 그렇지 않다면 이른바 잔소리로 이어질 수 있을 것이다.

이러한 집들이의 경험을 향교에 대입해 보자. 향교에 들어섰지만, 주인이라 할 수 있는 향교 설명 게시판의 안내는 연혁과 쓰임새뿐이다. 텅 비어 있는 명륜당, 현판으로만 구분되는 동재와 서재, 자물쇠로 걸려 있어 들어가 볼 수 없는 대성전, 그리고 왜 있는지 모를 대성전 주위 건물들. 관람객은 그저 내부 공간을 달리는 차창 밖 풍경을 바라보듯 무심하게 둘러보고 나오게 된다.

이러한 경험은 어떤 향교를 가더라도 별반 다르지 않다. 조금 더 과장을 보태면, 성균관이라고 해서 다르지 않을 것이다. 이 공간들이 관람객들을 붙잡지 못하고 관람객의 발걸음을 재촉하는 이유는, 관람객들이 이 공간의 의미를 찾지 못했기 때문이다. 관람객들이 향교라는 공간의 의미를 찾지 못한 데 대한 근본적인 책임은 연구자들에게 있다. 그동안 연구자들의 관심은 향교의 의미를 찾는 것이었을 뿐, 향교라는 공간이 갖는 의미에 대해선 소홀했다. 다시 말해 향교라는 공간에서 사람들이 어떻게 살아갔는지, 이 공간은 당대인들에게 어떤 의미가 있었는지에 대한 관심은 소홀했다. 즉 연구자들이 장소로서 향교의 의미를 설명하지 못했기에, 관람객들에게 향교는 시각적으로 독특한 전근대 건축물이 들어선 공간 그 이상도 그 이하도 아니었던 것이다.

이러한 시각에서 이 책은 사람들이 삶을 영위했던 장소라는 데에 초점을 맞춰 향교에 생동감을 불어넣고, 이를 통해 당시 사람들이 생각한 향교의 의미를 되살리고자 한다. 조선 전기는 후기에 비해 일기나 문집류 등의 자료가 협소하다. 이러한 점을 보완하기 위해 때에 따라선 성균관·사학의 예를 향교에 준용해 볼 것이다.

　여기에 더하여 대중서로의 성격을 살리기 위해, 주석을 지양하고, 사료를 각색하며, 저자의 역사적 상상력에 기대기도 할 것이다. 혹 저자의 상상력이 과할지라도, 향교의 의미를 좀 더 잘 전달하기 위한 저자의 바람이었다고 이해해 주길 바란다.

1

외방에
학교를 설립하다

조선은 왜?

조선에서 외방外方은 한성부를 제외한 나머지를 가리켰다. 한성부의 행정 범위였던 성저십리는 외방에 포함되지 않았고, 개성부의 경우 관직 체계상 경관직京官職에 포함되어 있었지만 사실상 외방이나 다름없었다. 그래서 외방이라 한다면 도성이 아닌 경우를 가리킨다고 할 수 있으며, 현재 우리의 표현으로 바꾸면 곧 지방이라 할 수 있다.

또, 학교는 조선시대에도 교육 기관을 뜻하는 것으로서, 조선 전기 학교에는 도성의 성균관·사부학당과 외방의 향교가 있었다. 전자의 경우 국학國學, 후자의 경우 외학外學으로 구분하기도 했는데, 외학이란 외방의 학교란 뜻이었다.

그리고 '설립하다'라는 의미에는 물리적 공간 조성의 의미와 향교 운영에 관한 여러 행정 조치의 완비라는 의미가 모두 포함되어 있다. 따라서 '외방에 학교를 설립했다'라는 의미는, 지방의 교육 기관 운영을 위한 토목 공사 및 제도적 뒷받침을 완비했고, 이것을 가시적으로 드러내기 위한 장소를 마련했다는 의미라고 할 수 있다. 다시 말해 향교는 '지방 사람들까지 교육을 시키겠다'라는 조선의 의지 그 자체라 할 수 있다.

그렇다면 조선은 왜 이러한 장소를 마련했을까? 다시 말해 조선은 왜 지방 사람들까지 교육시키고자 했을까? 이와 관련한 일반적인 설명은 '조선은 국시로 성리학을 채택했다'라는 것이었다. 그러나 이것만으로는 설명이 부족하다. 유학은 향교의 교육 과정일 뿐, 유학을 가르치기 위해 지방 교육 기관을 설립했다는 기록은 보이지 않기 때문이다.

조선의 학교 설립 목적에 대해 『조선경국전朝鮮經國典』은 "학교는 교화의 근본이니, 여기에서 인륜을 밝히고 인재를 양성한다"라고 했고, 『태조실록太祖實錄』은 "학교는 풍화의 근원이니(學校風化之源), 학교를 일으켜 인재를 기른다(興學校以養人才)"라고 했다. 이 밖에도 『조선왕조실록朝鮮王朝實錄』의 다른 기록에서 "나라를 다스리는 길은 풍속을 바로 하는 것보다 큰 것이 없고, 백성을 교화하는 방도는 오로지 효제孝弟를 돈독히 하는 데 있다"라는 표현을 심심치 않게 볼 수 있다. 이러한 기록으로 보았을 때, 당시 조선은 국가 정책의 기저로서 백성을 교화시키는 것과 더불어 국가의 인재를 기르기 위해 학교를 설립했다는 것을 알 수 있다.

일반적으로 백성 교화와 인재 양성을 분리해서 보려는 경향이 있다. 그러나 이 두 개는 분리되지 않는다. 교육에는 인격 형성을 위한 측면과 지식 교육을 위한 측면이 모두 내포되어 있다. 그리고 근본적으론 인격 형성을 위한 측면이 우선한다. 사람으로서 지식을 배워야지, 늑대소년 이야기처럼 동물로서 지식을 배워선 안 되기 때문이다. 그리고 인격 형성을 위한 교육의 전제는 해당 사회에 어울리는 인격을 가르친다는 것이다.

이렇게 보았을 때 『조선경국전』의 설명은 '교화를 우선하면서 그 가운데 인재를 기른다'는 뜻이라고 할 수 있다. 다시 말해 조선의 학교에선 인격 형성을 위한 교육과 국가 인재 양성을 위한 지식 교육이 행해진 것이었다. 여기서 주의할 점은 현재 우리가 배우는 민주 시민, 더 나아가 세계 시민으로서의 인격 형성이 아니라 조선 사회에 알맞은 인민人民으로서의 인격 형성이라는 점이다.

교육의 내용은 유학이었다. 유학이라고 하면 받아들이기에 광범위할 수 있다. 그러나 향교에서는 유학의 어떤 내용을 가르쳤는가라고 한다면 의외로 간단하다. 향교 교육의 기본적인 목적은 삼강오륜이었다. 널리 알려진 『삼강행실도』는 여성·천인 등 향교에 취학하지 않는 사람들을 대상으로 한 것이었다. 여성·천인으로서 삼강오륜에서 더 나아가 한자를 배우고 한문을 익혀 유학 경전을 익히는 것은 칭찬받아야 할 일이었지만, 그렇게 하지 않는다고 불이익은 없었다. 그러나 조선 사회에서 삼강오륜을 체득하지 못하면 불이익이 있었다. 조선 사회에서 살아가기 위한 최소한의 소양은 삼강오륜을 체득하는 것이었으며, 이를 해낼 수 있는 자만이 조선 사회에 어울리는 인격체였다.

『삼강행실도』를 통한 삼강오륜 교육은 삼강오륜의 표상이라 할 수 있는 예시들을 가르치고, 사람들로 하여금 그것을 따라하도록 하는 것이었다. 향교의 교육 목적도 다르지 않았다. 향교의 교육은 교육생들이 삼강오륜을 실천해야 하는 궁극적인 이유와 목적을 익히고, 주체적이고 능동적으로 판단해 실천할 수 있도록 하는 것이었다.

삼강이 사회의 기본 골격 형성을 위한 것이었다면, 오륜은 그러한 사회 구조에서 살아갈 사람으로서 요구되는 것들이었다. 그렇다면 조선은 왜 삼강오륜으로서 조선 사회의 기틀을 다졌던 것일까? 이와 관련해선 고려 말의 상황을 이해해야 한다.

그림 1 《혼일강리역대국도지도》, 서울대학교 규장각한국학연구원 소장

고려 말의 사회 현상 중 두드러진 특징은 민의 유망流亡이었다. 그 가운데 외국, 곧 원元으로의 유망은 궁극적으로 국가의 존속을 위협할 수 있는 심각한 국가적 차원의 문제였다. 원으로의 유망은 개인이나 가족 단위를 넘어서 지방 전체가 모두 원으로 투항하기까지 했다. 동녕부와 쌍성총관부로 대표되는 지방의 원 투항 현상은 정치적인 이유와 지방 유력자의 이해관계에 따라 나타난 현상이었지만, 고려의 입장에서는 인구와 영토를 잃어버리게 되는 모반謀叛 행위가 이어지는 것이었다.

고려는 국외로 유망한 인민을 지속적으로 추쇄하고자 했다. 그러나 이는 궁극적인 대책은 아니었다. 이들의 유망을 막기 위해선 이들 스스로 고향 땅에서 살고 싶다는 마음을 갖도록 해야 했다. 조선 건국 후 농지 개간 장려 등 유이민 안정화 정책의 궁극적인 배경은 지방 사회의 안정을 넘어서 국가의 안정 도모였던 것이다.

이러한 측면에서 조선의 삼강오륜 교육을 생각해 보자. 삼강은 임금과 신하의 관계인 군위신강君爲臣綱, 어버이와 자녀의 부위자강父爲子綱, 남편과 아내의 부위부강夫爲婦綱이다. 후자 2개가 가족 형성 및 가족 내부 윤리에 관한 것이라면, 군위신강은 군주에 대한 도리를 강조하는 것으로, 국왕과 인민의 관계 형성을 의미하는 것이라 할 수 있다. 가족 윤리로부터 국가 윤리를 만들어 가는 유학의 특성을 생각했을 때, 후자 2개 또한 군위신강으로 귀결된다고 할 수 있다.

오륜은 부자유친父子有親·군신유의君臣有義·부부유별夫婦有別·장유유서長幼有序·붕우유신朋友有信의 5가지인데, 삼강에 성인과 미성년의 분별, 친구 사이의 관계가 더해진 것이다. 오륜은 부자유친이 가장 앞서 있는데, 한 사람의 인격체가 태어나 가장 먼저 형성되는 관계가 부모라는 점을 떠올리면 부자유친이 가장 앞서 있는 이유를 이해할 수 있다. 군신유의를 두 번째로 설정한 것은, 가정에서 태어나 부모-자녀 관계를 형성한 다음은 '국가와 나의 관계'였음을 알 수 있다.

조선 건국을 전후한 농업 진흥책은 백성들의 '먹고사는 문제 해결'을 목표로 한 것이었다면, 학교 설립 목표는 조선의 백성들로 하여금 자신들이 태어난 이 땅과 이 나라를 본인들이 살아갈 나라로 생각하게 만드는 것이었다. 다시 말해 조선은 일종의 국가관 교육을 통해 '조선 사람 만들기'를 기획·실현한 것이었다.

백성은 왜?

향교는 낯선 것이었다. 도성에서 내려오는 교관도 낯설었고, 어딘가에 모여 공동으로 배운다는 것도 낯설었다. 물론 고려 대부터 향교가 있던 곳은 향교의 복구를 반겼다. 그러나 몽골과의 전쟁으로, 왜구의 침략으로, 홍건적의 침입으로, 지방 사회에서 향교는 현재 삶의 일부분이 아닌 과거의 기억 속 저편에 머물러 있었다.

혁명으로 태조 이성계가 즉위했다는 소식은 전국으로 퍼져 갔지만, 백성들은 삶의 변화를 크게 느끼지 못했다. 어제와 같은 하루가 연속되었다. 그러나 점차 중앙에서 지방관이 부임하고, 읍호가 바뀌고, 농지가 정리되며, 각종 제도들이 개정되거나 새롭게 만들어지면서 새로운 사회 분위기가 느껴지기 시작했다. 지방 교육 또한 이러한 과정에서 시작되었다. 고려시대부터 향교와 교관이 모두 있던 곳은 그대로 업무가 이어졌고, 교관이 없던 곳에는 새로운 교관이 부임했으며, 향교가 없던 곳에서는 임시로 공간을 지정해 생도들을 가르쳤다. 교관이 생도들을 가르치는 곳이 곧 학교였다.

지방의 부로父老들은 자제들을 향교로 보냈다. 향교에 입학한 자제들은 교생校生이 되었다. 교생이란 향교의 생도를 가리키는 말이었다. 향교가 독립적인 공간을 마련하지 못했다면 수령에게 향교를 만들어 달라고 요청했고, 향교 건설을 위한 재원과 노동력을 기부했다. 부로들은 이렇게 만들어진 향교에 자제들을 보냈다. 자제들을 향교에 보낸 부로들은 그 자체로 지방의 유력자로서 위신을 펼 수 있었다. 중앙에서 원하는 지방 사회의 경관景觀을 조성하는 데 힘을 보탰고, 수령과의 관계를 형성·유지했다. 고려의 옷을 벗고 조선의 옷을 입은 것이었다.

때마침 과거 제도가 개편되었다. 시험을 여러 번 봐야 하는 것은 변함없었다. 하지만 응시 자격이 크게 완화되었다. 천인賤人, 즉 노비만 아니라면 과거에 도전할 수 있었다. 지방의 향교는 이러한 시험 제도와 궁합이 잘 맞았다. 자제들은 부로의 바람을 알고 있었다. 이들의 목표는 적어도 고려 때처럼 새로운 나라에서도 지금과 같은 사회적 위신을 이어 가는 것이었다. 이를 위해 가장 효과적인 방법은 중앙의 관직을 얻는 것이었고, 그러기 위해선 과거 합격이 필요했다. 향교는 과거에 대한 정보 습득 및 준비 과정의 시작점이었다. 과거 합격을 이뤄 내지 못하면 가문의 사회적 지위를 높이지 못했다는 아쉬움이 있었지만, 과거 탈락에 따른 손해는 없었다. 그만큼 경쟁이 치열했기 때문이다.

지방의 유력자들은 새로운 사회에 적응해야 했다. 향교는 고려 사회에서 벗어나는 비상구이자, 조선 사회로 들어가는 지름길이었다. 이들은 향교를 중심으로 네트워크를 형성하며, 지방 사회의 중심으로 올라설 수 있었다.

향교와 사람들

학교는 선생과 학생, 학생과 선생으로 이뤄진다. 선생은 학생을 가르치고, 학생은 선생으로부터 배운다. 그러한 행위가 이뤄지는 공간이 곧 학교이다. 한국전쟁 당시 천막을 치고 칠판을 세워 둔 채 학생들을 가르치던 장면을 떠올려 보자. 천막은 고정된 것이 아니었다. 가르치는 장소가 이전하면 천막도 따라서 이동했다.

현재 우리 사회는 학교라는 독립 영역에 익숙하다. 담장이 쳐져 있어 허락받은 자만이 들어갈 수 있는 곳. 우리 사회의 학교는 선생과 학생 또한 함부로 들어갈 수 없는, 학교에 종속된 존재로 인식하는 경향이 짙다. 하지만 공간은 어디까지나 선생과 학생의 좀 더 나은 수업을 위해 마련된 것이라는 점을 잊어선 안 된다.

조선시대 향교의 선생은 교관教官, 학생은 교생校生으로 불렸다. 교관은 향교 1곳당 1명이 부임했다. 건국 초기에는 주·부에는 교수관教授官을 두고, 군·현에는 학장學長을 두었다. 후술하겠지만 교수관은 정규 관원이며, 학장은 비정규 관원으로, 양자 사이엔 오늘날의 정규직·비정규직과 유사한 차이가 있었다.

이후 1416년(태종 16) 교관 직제 개편이 이뤄져, 문과 출신의 참상관이 부임할 경우 교수관, 문과 출신 참외관이 부임할 경우 훈도관訓導官, 생원·진사가 부임할 경우 교도教導라는 직함을 갖고 근무하도록 했다. 전자가 읍격을 양분해 정규·비정규 관원으로 나눴다면, 태종 대의 조치는 교수관이 부임하는 주·부를 대상으로 부임자의 관품에 따라 직함을 나눈 것이었다. 그러다가 세종 대에 500호 이상의 군·현에 교도를 설치하게 되면서, 군·현에도 정규 교관이 설치되기 시작했고, 이러한 조치의 연장선에서 도호부 이상에는 교수, 군·현에는 훈도를 두는 것으로 결정되었다.

교관직은 전체적으로 비정규 관원인 학장을 없애고 모든 향교에 정규 관원을 보내는 방향으로 나아갔다. 그러나 시간이 갈수록 교관직은 한직으로 인식되었고, 교관직 내부에서도 문과 출신의 교수와 취재 출신의 훈도로 나뉘어 전혀 다른 양상을 보이는 등 그 내부에서 각자 처한 입장에 따라 상이한 모습으로 전개되었다.

향교의 교생은 태종 대 확인되는 인원이 유수관 50명, 대도호부·목 40명, 도호부 40명, 지관 30명, 현령·감무 15명이었다. 시간이 지나 『경국대전』에는 부·도호부·목 90명, 도호부 70명, 군 50명, 현 30명으로 정해졌다. 인원은 15세기 동안 약 2배로 증원되었다.

향교 정원의 당시 용어는 '정액定額'이다. 정액은 현재의 정원과는 다른 개념으로 운영되었다. 오늘날 정원은 해당 숫자까지 사람을 뽑을 수 있는 수이며, 가급적 해당 숫자를 모두 채운다. 그러나 이때의 정액은 향교의 교생으로서 국가의 혜택을 볼 수 있는 인원수를 의미했다. 여기서 말하는 교생의 혜택이란 주로 군역의 면제를 의미한다.

당시 향교에서 수업을 듣는 학생은 정액 숫자보다 많았을 것으로 생각된다. 규정에 따르면, 정액에는 16세 미만의 학생은 포함되지 않았다. 이는 16세 미만의 학생도 향교에 취학하고 있었음을 말해 준다. 즉 향교에는 16세 미만의 학생부터 그 이상 연령의 학생들이 취학하고 있었고, 이들 가운데 정액 수만큼을 추려 별도의 학적을 관리했는데, 일반적으로 이들을 '정액에 포함되었다'라는 뜻으로 '액내 교생'이라고 불렀다. 그리고 액내에 포함되지 못한 교생들을 '액외 유생'이라고 불렀다.

이 밖에 향교와 관계를 맺고 있는 존재로는 향교 소재지의 수령 및 관찰사가 있다. 이들은 향교의 운영 및 관리·감독의 책임을 갖고 있었다. 따라서 이들도 향교의 구성원이라 할 수 있을 것이다. 오늘날로 치면 교장·교감 및 교육청의 역할이라 할 수 있다.

마지막으로 교노校奴라고 불렸던 향교 소속의 노비들이 있었다. 조선 사회에서 노비는 토지와 더불어 주요 재산이었지만, 그들은 어디까지나 향교에 소속된 사람들이었다. 그들은 향교에 별도의 재원을 납부하거나(身貢), 직접 몸으로 봉사하면서, 교관·교생이 향교에서 학업에 열중할 수 있도록 해 줬다. 오늘날에도 학교에 소속된 다양한 직군이 있다. 시설·미화·경비·양호·급식 등 선생님뿐 아니라 학생들의 학업을 위한 다양한 전문·서비스직이 존재하는 것이다. 향교도 학교로서 교생들의 학업을 위한 다양한 서비스들이 필요했는데, 교노들이 이러한 역할을 담당했다.

그리고 비록 향교의 구성원은 아닐지라도 자식을 향교에 보낸 사람들도 향교와 연을 맺고 있는 사람들이라 할 수 있을 것이다. 즉 학부모들이다. 여기서 조금 더 범위를 넓힌다면, 향교 소재지의 백성들 또한 향교 교육 및 행사 등 향교로 인해 자의건 타의건 영향을 받았을 것이다. 따라서 향교의 구성원은 어떤 기준이냐에 따라 그 폭이 달라진다는 것을 알 수 있다. 다만 향교의 역할이 교육이라고 한다면, 향교의 주요 구성원은 내부 구성원이라 할 수 있는 교생과 교관일 것이다.

향교 완공 날짜는 왜 모두 다를까?

향교의 설치 및 운영은 고려 전기 대읍大邑, 다시 말해 큰 고을부터 시작되었는데, 고려 중기 이후 거란·여진·몽골과의 연이은 전쟁, 그리고 12세기부터 심화된 지방 사회의 동요가 향교 운영을 어렵게 했다. 그러다가 공민왕 대부터 지배 이념으로서 성리학의 위상을 공고히 하려는 목적으로 국자감 교육이 활성화되었고, 이에 짝하여 향교에 대한 관심이 높아졌다. 이 시기 향교는 주현 대부분에 설치되었을 것이다. 그러나 홍건적 및 왜구의 침입 등으로 지방 사회는 또 다시 피해를 받았고, 향교 또한 쇠락하게 되었다.

어려움 속에서도 더 나은 미래를 위해 자녀 교육에 힘쓰는 모습은 어쩌면 조선시대를 지나면서 만들어진 사회문화가 아닐까? 우리 사회에서 교육은 일제강점기를 거치면서 경제와 더불어 주요 이슈가 되었다. 특히 학교는 그 존재만으로 주거에 영향을 끼칠 뿐 아니라, 내부에서 벌어지는 문제 또한 사회 이슈로 작용한다. 고려 사회에서도 과거는 주요한 사회 계층의 이동 통로였고, 교육 공간인 학교는 과거를 위한 준비 기관으로서 중요한 역할을 담당했다. 그러나 이러한 학교의 중요성은 지역적으로는 개성, 계층적으로는 상위 계층에 국한된 것이었다. 따라서 나라가 어려움이 처했을 때 학교는 쉽게 잊혀 버렸고, 복구는 더딜 수밖에 없었다. 때문에 고려 말 새로운 사회를 꿈꿨던 사람들은 일부 지역과 일부 계층에 한정되었던 학교를 전국적으로 더 많은 사람에게 제공하고자 했다. 이것이 고려 향교와 조선 향교의 근본적 차이였다.

고려 말 향교의 공간 구성을 알려 주는 기록은 영해부 향교를 새롭게 만들면서 남긴 기문(「寧海府新作小學記」)이다. 이 기문은 1347년(충목왕 3) 이곡李穀이 작성한 것으로, 향교를 확장하여 미성년자(童子)들의 교육 공간까지 마련했다는 내용이 담겨 있다. 기문에 따르면, 당시 고려 향교는 묘학동궁廟學同宮, 즉 의례 공간인 묘廟와 교육 공간인 학學이 명확히 구분되지 않았다. 조선 향교의 전형이라 할 수 있는 성균관의 경우에는 대성전이 있는 묘 영역과 명륜당이 있는 학 영역이 뚜렷하게 구분되며, 오늘날 볼 수 있는 향교 또한 대체적으로 두 영역이 나뉘어 있음을 알 수 있다. 반면 당시 고려 향교는 두 영역의 구분이 명확하지 않았다는 것이다.

또 하나의 특징은 묘와 학의 공간이 명확히 구분되지 않은 상황에서, 동자들의 교육 공간이 없자 대성전 뜰에서 동자들을 가르치고 있었다는 점이다. 여기서 유추할 수 있는 것은 지역에서 어린아이들에 대한 교육 수요가 있었다는 점, 그러한 교육

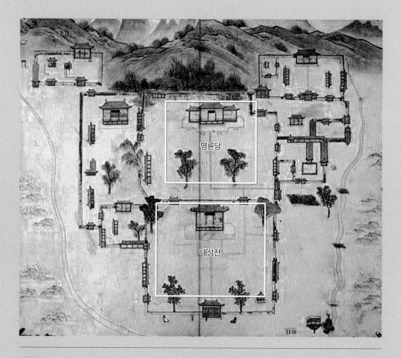

명륜당

대성전

그림 2 《태학계첩》, 성균관 조감도, 국가유산청 국가유산포털에서 전재

대성전을 중심으로 한 묘의 영역이 전면에, 명륜당을 중심으로 한 학의 영역이 후면에 자리
한 전묘후학의 형태를 띠고 있다

수요를 향교에서 공급하고 있었다는 점이다. 조선 후기 들어 전국적으로 서당이 건립·운영되었는데, 당시 운영되었던 서당의 대부분은 동몽 교육 기관이었다. 동몽 교육은 오늘날의 유아 교육이라 할 수 있는데, 이미 14세기 말 지방 사회에서 유아 교육의 필요성이 대두되고 있었던 것이었다.

새롭게 건립된 영해향교는 중앙의 대성전을 중심으로 좌우에 무廡를 두어 동몽들을 가르치는 장소로 삼았다. 그리고 교생 가운데 가르칠 만한 사람을 뽑아 동몽들을 가르치도록 했다. 동몽들을 위한 공간을 마련한 이후 취학하지 않는 동몽들이 없었다는 내용으로 보아, 별도 공간을 마련하고 사람을 뽑아 동몽을 가르친 것이 효력을 발휘했던 것으로 판단된다. 별다른 언급은 없지만 동몽 교육 장소를 특정해서 언급한 것으로 보았을 때, 교생들의 교육 공간 또한 마련되어 있었을 것이다.

영해향교는 새롭게 건립되었지만, 성전의 좌우에 동자들의 교육 공간을 두었다. 묘와 학이 온전히 독립되지 못한 것이다. 뒤에서 살펴보겠지만, 조선 건국 이후까지도 묘와 학의 영역이 명확히 구분되지 못한 향교가 있었다. 그러나 이러한 향교들도 중건이 이뤄지면 묘와 학의 영역이 구분되었다. 이렇게 보았을 때, 영해향교 건립 즈음부터 묘와 학의 영역이 구분되어야 한다는 인식이 퍼져 나가기 시작했다고 생각된다. 따라서 이 기록은 고려 향교 건축 양상에서 조선 향교의 건축 양상으로 넘어가는 과도기적인 모습을 보여 준다고 할 수 있다.

조선 건국 후에는 각 군현에서 향교 건립이 이뤄졌다. 건립 양상은 대략적으로 아래의 세 가지로 나뉜다.

① 고려 대에 건립된 향교가 이어지다가 조선 건국 후에 중건되는 경우
② 조선 건국 즈음에 새롭게 건립되는 경우
③ 조선 건국 이후 뒤늦게 건립되는 경우

이상의 세 가지 유형을 대표적인 사례를 통해 살펴보자. 먼저 ①의 경우, 기존 건물을 계속 사용하다가 건물의 노후화와 수령의 중건 여부 결정 및 추진 등이 맞물려 중건한 것으로 판단된다. 이러한 양상을 잘 보여 주는 사례가 제천향교이다. 『양촌집陽村集』의 제천향교 건립 기문에는 제천향교 건립 과정이 서술되어 있는데, 그 내용을 요약하면 다음과 같다.

1388년(우왕 14) 학교를 복구해 진흥시키라는 조정의 방침이 정해졌고, 1389년 김유가 제천판관으로 부임했으며, 부임 1년 후인 1390년 학교 중건 논의를 시작해, 1391년(공양왕 3) 정월부터 공사를 시작하여 가을에 완공되었다. 제천향교는 조선 건국

이전에 건립되었지만, 조선 건국이 임박한 시점이었다는 것을 염두에 둔다면 조선 건국 세력의 학교 복구 및 진흥 방침에 따라 건립된 향교였다고 생각된다. 특히 권근은 60여 년 동안 폐해졌던 제천향교가 다시 일어났다는 것을 강조하고 있는데, 이는 당시 조선 건국 세력들의 학교 복구 및 진흥책에 전국 단위 학교 건립이 포함되어 있었다는 것을 보여 준다.

②와 ③의 사례는 중앙의 정책에 따른 일괄적인 건립이 아니라 군현의 상황에 따라 건립되었기 때문에 나타난 현상이라 할 수 있다. 군현의 상황은 다시 외부적 요인과 내부적 요인으로 나눌 수 있다. 외부적 요인은 군현의 읍격 상승, 군현 통·폐합, 교군僑郡 등이 있는데, 전자가 군현의 위상 상승에 따라 갖춰야 할 요소들이 발생한 것이라고 한다면, 후자의 경우 군현의 치소가 이전·폐지됨에 따라 향교 또한 통폐합된 경우라 할 수 있다. 내부적 요인은 군현의 재정, 수령의 의지 등이라 할 수 있다. 오늘날에도 마찬가지겠지만, 재정은 향교 건립의 핵심으로서 건축 자재, 인력 수급 등 재원 규모에 따라 향교의 시설이 달라졌다. 여기에 또 하나의 변수는 수령의 의지였다. 오늘날에도 기초자치단체장이나 고위 관료 혹은 정치인의 뜻에 따라 지역 현황이 해결되거나 혹은 새로운 문제가 발생하기도 하는데, 이는 당시 조선 사회에서도 마찬가지였다. 아무리 재원이 풍족

하다고 하더라도, 향교 건립을 추진할 수령의 의지가 없다면 향교 건립은 요원한 일이 될 수밖에 없었다. 내·외부 요인 중 어느 한 요인만 작용한 것은 아니었다. 향교는 읍격과 상관없이 다양한 요인들이 상호작용하여 때로는 빠르게, 때로는 더디게 건립되었다.

특이한 사례로 두 가지 경우를 살펴보자. 하나는 별도의 공간을 임대해 사용하던 우거寓居 향교이며, 다른 하나는 하나의 읍에 2개의 향교가 있던 선산도호부의 사례이다. 먼저 우거 향교이다. 우거란 단어 뜻 그대로 다른 공간을 빌려 임시로 거주한다는 뜻이다. 우거 향교는 고려 말 지방 사회의 동요와 누적된 전란의 피해로 온전한 단독 공간을 확보하지 못한 측면에서 기인한 것으로 판단된다. 즉 조선 건국과 더불어 교관과 생도를 두었지만, 그들의 전용 공간 마련은 각 군현이 처한 상황에 따라 유동적이었던 것이다.

우거 향교는 이천향교의 설립 양상에서 잘 드러난다. 『양촌집』의 이천도호부 향교 기문에 따르면, 1389년 감무 이우가 이천에 부임했을 당시, 향교는 별도의 공간이 없어서 민가를 빌려 사용하고 있었다. 이우는 임시로 안흥사安興寺에 강학 공간을 마련하고 안흥정사安興精舍라고 명명한 다음, 학장을 두고 생도를 모집해 가르치기 시작했다. 『신증동국여지승람』의 기록에 따르면, 안흥사라는 절이 확인된다. 이렇게 보았을 때, 안흥정사는 폐사된 안흥사를 활용한 것이 아니라 실제 절로서 기능하고 있던 안흥사의 일부분을 빌려 향교로 활용한 것으로 판단된다. 새로 부임한 변인달이 절을 학교로 사용할 수 없다고 했던 것으로도 보아 안흥사는 폐사가 아니었음을 재확인할 수 있다.

그리고 향교 건립을 위한 재정 확보를 위해 기금을 마련한 후 식리殖利, 오늘날 금융대부업과 같은 활동을 통해 기금을 불

그림 3 이천향교 대성전과 동·서무, © 경기문화재연구원, 2017

향교가 만들어지기 전 이천향교는 절의 일부를 임대해 사용했다. 지금은 학교 부지에 컨테이너로 임시 건물을 만들지만, 이때에는 관공서·절 등의 공간을 임대했던 것이다

려 갔다. 그러나 이우는 공사를 시작하지 못하고 다른 직으로 옮겨 갔고, 이천향교는 1402년(태종 2) 7월에 가서야 공사를 시작해 같은 해 8월에 완성되었다. 이천은 '도호부'이기 때문에 고려 대부터 큰 고을이었다고 생각되지만, 1393년(태조 2)에 이천현으로 만들어 감무를 설치하고, 1413년(태종 13)에 현감, 1431년(세종 13)에 지현사를 두었으며, 1444년(세종 26)에 와서야 1,000호 이상이 되어 도호부로 승격되었다는 『신증동국여지승람』의 고을 연혁을 보면, 이천은 조선 건국 후 빠르게 성장한 군현이었다는 것을 알 수 있다. 이천향교의 경우 안흥정사로 옮겨 간 후 약 13년간의 기다림 끝에 독립 공간을 마련할 수 있었는데, 이 기간 동안 이천향교는 우거 향교였던 것이다.

위 기록에는 당시 읍세가 약했던 이천의 향교 건립 과정이 담겨 있다. 별도의 향교 공간이 없었기에 타 공간에 임시로 향교를 마련했던 것이다. 이러한 사례는 학교 건물이 완공되기 전 새학기가 시작되어 학생들이 가건물로 등교하는 사례처럼, 오늘날에도 종종 확인된다.

한편, 향교는 1읍 1교로 건립·운영하는 것이 원칙이었는데, 특이하게도 선산도호부에는 선산향교와 더불어 임내任內인 해평현에도 향교가 있었다. 해평향교는 감사 이승직의 요청과 왕의 특별 재가로 설치되었는데, 이승직의 감사 역임 시기로 보았을 때 세종 대에 설치된 것으로 판단된다. 아래 사료를 통해 해평향교 건립 과정을 알아보자.

해평현 향교. 현의 북쪽 1리에 있다. 정인지의 기문에, "… ① 해평은 선산에 딸린 현이므로 규례에 따라 향교를 설치하지 않았는데, 부학까지의 거리가 큰 강(大川)을 포함해 20리여서 학도들이 학교에 왕래하기에 고통스러웠다. … ② 향선생 장윤 등 100여 명이 부사府使를 찾아보고 폐사廢寺의 재목과 기와로 [해평]현에 향교를 지을 것을 청하였고, ③ 부사는 기꺼이 곧 감사 이승직 공에게 보고하여 마침내 임금께 아뢰어 허락을 얻었다. 통첩이 마을에 내리자, 부로들이 모두 기뻐하여 집마다 일꾼을 내어, 얼마 안 되는 인원이 공사에 나아가 몇 달이 안 되어 준공되었다. 그 규모는 ④ 성전聖殿이 3칸인데 석전釋奠을 지내는 곳이요, 동서東序가 3칸인데 강청講廳이요, 서서西序가 3칸인데 겨울에 따뜻하게 지내는 방이다. 남루南樓가 5칸인데 여름에 서늘하게 지내는 곳이요, 부엌·광 등 갖추지 않은 것이 없으며, 둘레에는 담을 둘렀다. … ⑤ 전 교도 김영발, 생원 길구로 하여금 학장이 되게 하고, 학도 40여 명이 머물면서 수업을 받았는데, 시서詩書의 가르침이 크게 일게 되었다.

- 『신증동국여지승람』 권29, 「선산도호부·향교」

①을 보면 해평현에서 학교를 가기 위해서는 큰 내(大川)를 건너야 했다는 것을 알 수 있다. 해평현의 위치로 보았을 때 큰 내는 낙동강이었다. 지금도 그렇지만 강을 건넌다는 것은 안전사고의 위험을 감수하는 것이었다. 사료에는 '고통스럽다'라고 했지만, 해평현 사람들에게 낙동강 도하는 생명을 위협받을 수 있는 일이었다. 따라서 현 사람들의 요청을 부사와 감사가 받아들여 조정에 보고했고, 세종은 향교 건립을 허락했던 것으로 판단된다.

이와 관련해서는 자신들의 '본관인 해평현은 선산도호부의 부읍附邑인데, 부와 현 사이에 낙동강이 있으니 경상우도 인동현 소속으로 바꿔' 달라며 통헌대부 윤연명 등이 상언한 요청이 주목된다. 현리縣吏, 관노비, 권농·이정 등이 도호부 관아에 왕래할 때, 초겨울 강에 살얼음이 얼거나 한여름 홍수 때를 만나면 물에 빠져 죽는 일이 계속 발생한다는 것이었다. 도성에서 낙동강을 바라보았을 때, 낙동강의 왼쪽은 좌도(현 대구·울산 방면)이고 오른쪽은 우도(현 창원·진주 방면)인데, 해평현은 강의 왼쪽에 있음에도 우도인 선산도호부에 속해 있고, 약목현은 오른

해평현

善山府地圖
東北化醫界

善山府地圖

그림 4 《1872년 지방지도》〈선산부지도〉, 서울대학교 규장각한국학연구원 소장

해평현과 선산도호부 사이에는 낙동강이 흐르고 있었다. 이 강을 매일 건너는 것은 쉽지 않았을 것이다

쪽에 있음에도 좌도인 인동현에 속해 있으니, 해평현과 약목현의 소속을 바꿔 달라는 것이었다. 세종은 이 의견을 호조에 검토하도록 했지만 받아들여지지 않았다. 이 상언에서 알 수 있듯이, 해평현 향교 건립 요청의 수락 요인은 왕래할 때 물에 빠져 죽을 수 있다는 것이 결정적이었던 것이다.

또한 왕의 허락을 구했다는 것으로 보아, 부사와 감사에게 요청할 때부터 사학私學이 아니라 향교 설립을 염두에 두고 있었다는 것을 알 수 있다. 왕의 허락을 구한 까닭은 향교 설치에 따른 생도의 군역 면제, 학전 지급 등의 행정 절차가 필요했기 때문이었다. 즉 학업을 위한 별도의 학사를 건립하는 것이라면 왕의 허락을 구할 필요 없이 수령 혹은 감사의 판단에 의해 건립할 수 있었지만, 향교를 설치하는 것이었기 때문에 왕의 허락이 필요했던 것이었다.

완공된 해평향교는 대성전, 동·서재, 남루로 구성되었고, 동·서무와 명륜당은 짓지 않았다. 대신 동재를 강청으로 사용했고, 서재에 온돌을 설치했다. 이를 보면 향교에 취학하는 교생의 수에 따라 명륜당 건립 여부가 달라졌던 것으로 보인다. 학생 수가 적어 동재로 충분했기 때문에 별도의 강청 건물은 필요하지 않았던 것이다. 또 혹한기를 대비한 온돌과 혹서기를 대비한 루樓가 있는 것으로 보아, 사계절 내내 공부할 수 있는 환경을 조성했다고 판단된다. 뒤에 다시 살펴보겠지만, 전 교도 김영발과 생원 길구가 학장이 되었다는 데서 학장은 1명 이상일 수 있었다는 것이 확인된다. 학장은 비정규 관원이었기 때문에 인원수에 제한을 두지 않았던 것이다.

조선 건국 이후 향교 건립 양상은 산발적이었다. 각 고을의 사정에 따라 독립된 공간을 확보하지 못하거나 다른 시설의 확대에 따라 이전하는 경우도 있었고, 열악한 재정 형편으로 인하여 15세기 말에 가서야 중앙의 보조를 받아 독립된 공간을 마련하는 경우도 있었다. 이처럼 향교 건립 시기 및 양상은 각 고을이 처한 상황에 따라 유동적이었다.

향교 규모의 차이는 돈으로부터

향교는 예禮와 학學의 공간으로 나뉜다. 각각의 공간은 대성전과 명륜당으로 상징된다. 그런데 앞서 살펴본 해평향교의 예에서 알 수 있듯이, 명륜당은 대성전과 달리 없는 경우도 상당수 있었다. 향교의 가장 중요한 공간은 문묘인 대성전이었다.

대성전의 좌·우에 있는 동·서무는 부·목·도호부급의 고을에서만 확인된다. 외방 문묘는 성균관 대성전을 기준으로 관호가 낮아짐에 따라 배향자 수도 감소했다. 이렇게 봤을 때 동·서무의 유무는 읍격에 따른 문묘 배향자의 차등에 따른 것으로 보인다. 위에서 살펴본 해평향교가 여러 부속 건물까지 갖췄음에도 동·서무가 없는 것은, 가장 작은 규모인 현縣급으로 지어졌기 때문인 것으로 보인다.

대성전 내부는 어땠을까? 비교적 이른 시기에 설립된 향교는 대성전에 위패가 아닌 상像을 두는 경우가 종종 확인된다. 성주향교 대성전에는 소상塑像이 있었고, 연안도호부의 향교 대성전에는 공자의 그림이 걸려 있었다. 아마도 위패 사용이 공식적으로 결정되지 않았을 시점에 건립된 향교의 경우 고려 대의 규정을 따라 소상을 세우거나 그림을 걸어 두었다가 중건이 이뤄지면서 위패로 대체된 것으로 생각된다.

의례 공간이 대성전을 중심으로 상대적으로 정형화되었다면, 학문의 영역인 명륜당은 고을의 형편에 따라 보유 여부가 달랐다. 신설 향교 가운데는 동·서재 없이 명륜당만 짓는 경우도 있었지만, 명륜당 없이 동·서재만 짓는 경우가 더 많았다. 그렇다면 이 차이는 왜 발생했을까? 명륜당과 동·서재의 쓰임새가 달랐기 때문이다. 지금은 향교마다 명륜당이란 이름으로 현액이 걸려 있지만, 조선 초기 기록에서는 향교마다 부르는 이름이 달랐을 것으로 보인다. 예를 들면, 진주향교의 경우 명륜당이라 할 수 있는 건물의 이름은 사교당四敎堂이었다.

진주향교에선 사교당을 평상시 강독할 때 사용하거나 봄·가을 과시課試할 때 사용했다. 봄·가을 과시란 도회를 가리키는 것으로 판단되는데, 오늘날로 비유하면 지역 단위 모의고사 정도라 할 수 있다. 따라서 과시가 치러지면 진주향교 교생뿐 아니라 인근 고을의 향교 교생까지 참여하였고, 이들이 대규모로 모여 시험을 치를 수 있는 공간이 필요했다. 기록에 따르면 과거에는 진주향교에서 과시가 있으면 향교에서 과시를 치르지 못하고 인근 정자를 빌려 치러야 했는데, 비가 오면 땅이 질퍽해져 불편했다고 한다. 그런데 사교당을 짓고 나서는 이러한 불편함이 없어졌다는 것이다. 이렇게 보았을 때, 향교 강당은 대규모 인원이 모여 한번에 행사를 치러야 했을 때 사용되었음을 알 수 있다. 오늘날에도 강당이 있는 학교는 강당에서 조회·졸업식과 같은 행사를 하지만, 강당이 없으면 운동장에서 행하거나 각 교실에서 약식으로 행하기도 한다. 향교의 강당은 이러한 공간이었던 것이다.

향교를 신축하면서 명륜당에 해당하는 강당을 짓지 않은 경우는 대체로 읍격이 낮은 군현에 해당했다. 앞서 살펴본 해평현의 향교는 동재를 강청으로 사용했다. 해평향교는 속현에 위치한 향교로서 도회를 실시하는 곳이 아니었다. 반면 해주, 진주,

그림 5 진주향교 명륜당(하단 좌측)과 사교당(하단 우측), 국가유산청 국가유산포털에서 전재

향교가 중건되면서 명륜당을 새롭게 지은 것으로 보인다. 옛날부터 있던 사교당을 허물지 않고 유지한 것이 흥미롭다

김해 등 읍격이 높을수록 명륜당을 보유하거나 중건 시 명륜당을 짓는 경향을 확인할 수 있다. 과시를 위한 공간이 필요했을 것이기 때문이다. 진주향교와 해평향교의 차이는 도회 실시 여부, 곧 대규모 인원이 모여야 하는 행사의 유무에 있었던 것이다. 물론 함양군의 경우처럼 읍격이 낮아도 강당을 보유한 경우도 있었다. 『신증동국여지승람』은 향교에 강당이 있으면 별도로 소개하고 있다. 이는 강당이 있는 것이 특별했기 때문에 기

재한 것이다. 곧 강당이 문묘와 같이 향교의 필수 건물은 아니었다는 것이다. 다시 말해, 강당은 대규모 인원을 한 번에 수용할 만한 행사가 있을 경우 활용하기 위한 것으로, 있으면 좋은 것이지만 꼭 있어야 하는 건물은 아니었다고 할 수 있다.

향교의 루도 강당처럼 보유하고 있는 경우가 특별한 것이었다. 상주, 원주, 안동, 금산, 영월, 단양 등의 향교에는 루가 있었다. 이들 루의 기문은 모두 전하지 않아 개별 향교의 루 건립 목적을 명확히 알 수는 없다. 그러나 혹서기에 지낼 곳을 마련하기 위해 지었다는 옥천향교 남루의 사례나, 남루는 여름을 지내기 위한 곳이라는 해평향교의 사례 등을 참고했을 때, 향교의 루는 혹서기 대비용이었던 것으로 보인다. 즉 사계절의 기온 변화에 따라, 봄·가을에는 동·서재, 여름에는 루, 겨울에는 온돌방에서 공부했던 것이다. 다만 루를 갖고 있지 못하다고 해서 여름에 공부를 못했던 것은 아니었을 것이다. 향교의 루는 필수요소라기보다는 '있으면 좋은' 건물로, 더 나은 교육 여건을 제공해 주는 건물이었다. 우리 사회에서도 1990년대까지 학교의 냉·난방 시설, 특히 냉방 시설은 특히 열악했고, 최근에도 전기료 문제로 인해 에어컨 가동에 문제가 있다는 뉴스가 사회 문제로 주목받기도 한다. 이렇게 보았을 때, 향교의 루 보유 여부 또한 고을의 재정 형편에 따라 달랐을 것으로 생각된다.

단양향교 풍화루 정측면, 한국민족문화대백과사전에서 전재

루를 향교 입구에 배치해 전망을 확보한 경우를 종종 볼 수 있다

향교의 재무 구조는?

조선 사회의 대표적인 재원은 전지田地와 노비奴婢였다. 따라
서 향교의 재정 또한 전지, 곧 학전學田과 향교 소속 노비를 중
심으로 이뤄져 있었다.

학전은 고려 대부터 있었을 것이다. 고려 명종이 서경西京의 제학원諸學院에 내려 줬던 공해전公廨田이나, 공민왕이 호강에게 겸병된 토전土田을 섬학용贍學用으로 사용하라고 한 판결 등의 기록을 보았을 때, 고려 향교에도 학전이 있었던 것으로 생각된다. 다만, 고려 말 연이은 외침과 피난 등으로 인한 피해 누적을 생각했을 때, 고려 대 학전은 유명무실했을 가능성이 높다.

고려 말부터 이어지는 전제田制 개혁 속에서 태조 이성계는 학전을 지급했다. 학전 지급은 고려 말 전체적으로 쇠락했었던 향교의 복구 및 전국 단위 향교 설립과 짝지은 관학 체계 설립의 일환으로 마련된 것이었다.

학전의 구체적인 지급량은 1406년(태종 6)에 확인된다. 1406년 6월 27일, 각 고을의 향교 생도 액수와 전지를 차등 있게 정했다. 동년 5월, 양전 사업으로 약 30여만 결의 전지가 늘어났는데, 이를 바탕으로 태조 대 지급했던 학전 규모를 재정비한 것으로 판단된다. 그리고 약 1달 뒤인 7월 25일, 태종의 명에 따라 도호부 향교에 15결을 추가 지급했다. 15결이 추가된 도호부의 학전은 총 30결이 되었고, 수전水田과 한전旱田은 각각 20결, 10결이었다. 이로써 보면 학전의 수전·한전 비율은 약 2:1이었다. 이때 주어진 전지들은 세금을 걷을 수 있는 수조지였다고 판단된다. 1406년 지급된 학전을 표로 정리하면 다음의 표와 같다.

구분		생도(명)	제전(결)	늠전(결)
유수관		50	6	50
대도호부·목		40	6	40
도호부	교수관이 있는 곳	40	4	15+15
	교수관이 없는 곳			10
지관	교수관이 있는 곳	30	4	15
	교수관이 없는 곳			10
현령·감무	교수관이 있는 곳	15	2	10
	교수관이 없는 곳			10

표 1 태종 대 향교 생도 액수와 제전祭田·늠전廩田 결수

신천식, 「朝鮮前期 鄕校의 敎科運營과 財政」, 『朝鮮前期敎育制度史硏究』, 경인문화사, 1999, 300쪽의【표 3】을 수정·정리했다

당시 학전은 제전과 늠전으로 구분되어 있었다. 제전에는 차이가 없지만 늠전에는 교수관의 근무 여부에 따라 차이가 보이는데, 이렇게 봤을 때 늠전은 교수관의 급료 및 생활비 명목으로 지급된 것이었음을 알 수 있다. 1406년 7월 25일에는 외방 군현의 관호官號를 개정했다. 이에 따라 관호 변동이 있던 군현의 향교 생도 액수, 제전·늠전 결수도 변동되었을 것이다. 1418년(세종 즉위년) 11월에는 500호 이상의 군현에 교관을 파견한다는 원칙이 세워졌는데, 이 조치로 인해 교관이 파견되면 늠전의 변동 또한 동반되었을 것으로 생각된다.

한편, 1426년(세종 8)에는 개성유수 김자지의 요청에 따라 제전 6결을 신규 지급하고 기존 위전位田 100결에 50결을 추가 지급했다. 개성향교는 고려의 국학이었기에 다른 군현의 향교와 견줄 수 없다는 것이 요청 사유였다. 개성향교에 추가 지급한 액수는 평양부 향교의 제전 6결 및 평양부 토관 유학원의 위전 150결을 참고하여 마련된 것이었다. 개성향교가 위전을 100결이나 보유하고 있었음에도 제전이 없었던 것은, 개성향교가 고려 성균관이 갖고 있던 재정 상태를 그대로 물려받았기 때문인 것으로 생각된다. 제사 비용은 한양 도성의 성균관으로 이전되었지만, 위전은 학교 운영 비용이었기 때문에 그대로 물려받았다고 판단된다.

그렇다면 왜 1426년이었을까? 이는 태조 대에 한양으로 천도한 이후 정종이 개성으로 환도했고, 태종이 양경제를 시행하다가 세종 대에 들어서야 한양이 유일한 도성으로서 자리 잡았기 때문이었다. 이러한 변화 속에서 개성 성균관 또한 개성향교로 그 위상이 낮아졌다. 이때 비로소 제전이 마련된 것은 도성의 성균관이 아닌 개성향교로서 제전이 마련되었음을 의미하는 것이었다. 이렇게 보았을 때 개성향교의 위전 추가는 전前성균관에 대한 대우 차원이었음을 알 수 있다. 개성향교는 고려의 국학으로서 타 향교보다 더 많은 지원을 받았지만, 국학에서 향교로 그 지위가 하락했던 것이다.

1445년(세종 27)에는 향교 위전 제도가 없어(位田無制) 향교마다 많고 적은 것이 한결같지 않다는 것을 이유로 기존 전지 수를 참작하여 개성부 20결, 유수부 15결, 목·대도호부 10결, 도호부·지관 4결, 현관 2결을 지급하도록 했다. 이는 공법 시행에 따른 전제 개편(田制改詳定)에 따른 것이었다. 예전의 수를 참작했다는 것으로 보아 위전은 향교의 운영 자금인 늠전을 대신했던 것으로 생각된다.

그렇다면 향교 위전 제도가 없다는 것은 무슨 뜻일까? 이는 아마도 위전이 제정될 때 향교 위전을 별도로 설정하지 않았다는 의미라고 생각된다. 다시 말해 태종 대에 설정된 제전과 늠전이 있었기 때문에, 위전을 제정하면서 별도의 향교 위전을 설정하지 않았다는 것이다. 그러나 시간의 경과에 따라 태종 대에 지급했던 향교의 제전·늠전이 부족해지자, 향교 운영을 위한 비용을 군현 재정에서 지급하게 되었고, 이것이 문제로 인식되어 전체적으로 향교 위전을 마련한 것으로 생각된다.

앞서 살펴본 개성부는 50결의 위전을 추가로 받아 150결의 늠전을 갖고 있었는데, 이로써 미뤄 보면 각 군현의 재정 상황 및 향교의 형편에 따라 제각각이었던 것으로 생각된다. 개성부는 전조의 도성이었기 때문에 향교 재정 문제가 일찍 조정에 알

려졌고 그에 대한 조치도 빠르게 이뤄졌던 것이다. 그러나 이후 개성향교와 같은 문제가 전국적으로 벌어지고 있음을 파악하고, 이때를 기점으로 향교 운영 비용을 다시 마련했던 것으로 보인다. 위전을 정하면서 문선왕文宣王 제위전祭位田도 혁파하고 국고에서 공판하도록 했다. 군현의 상황에 따른 편차를 없애고 일률적인 규모로 제사를 지내기 위한 조치였다고 할 수 있다.

이와 관련해 평안도 인산군麟山郡을 다시 설치하면서 아록전衙祿田·공수전公需田 및 향교늠식전鄕校廩食田을 지급했다는 사례가 주목된다. 이 세 위전이 군현 운영을 위해 설치되는 기본 위전이었을 것으로 보이는데, 여기서 향교늠식전은 1445년에 정해진 향교위전鄕校位田이었다고 판단된다.

향교 노비 지급은 1413년 11월에 향교 노비 수를 정하고, 정액定額 이외의 노비는 노비가 부족하거나 없는 향교로 이속하여 모자란 액수를 충당하게 했다는 데서 확인된다. 이 사례를 통해 향교의 노비 유무와 보유 수는 향교마다 달랐다는 것을 알 수 있다. 1417년(태종 17)에는 형조의 계에 따라 향교 노비의 수를 개정하고, 액수 이외의 노비는 전농시에 속하게 했다. 이상의 향교 노비 변화를 『경국대전』과 함께 비교하면 다음 표와 같다.

구분	1413년 단위 호(戶)	1417년 단위 구(口)	『경국대전』 단위 명(名)
유수관	20	30	30
대도호부·목	각 15	각 25	각 25
도호부(단부관)	10	20	20
지관	7	15	-
현령·감무/군·현	5	각 10	각 10

표 2 향교 노비 수

표에서 알 수 있듯이, 1413년, 1417년, 『경국대전』에 기록된 노비 수의 단위는 각각 다르지만, 숫자로 보았을 때 『경국대전』의 노비 수는 1417년의 것과 같다는 것을 알 수 있다. 1413년의 향교 노비 정액 단위였던 호(戶)가 무엇을 의미하는지 명확히 알 수 없지만, 호는 가호 단위, 구는 개별 사람을 뜻한다고 본다면, 1417년의 노비 액수는 그 전보다 감소했다고 판단된다.

태종 대를 거쳐 마련된 향교 노비는 국가가 기본적으로 향교에 보장해 준 노비 수라고 생각된다. 그러나 실질적으로 각 향교가 보유한 노비 수에는 편차가 있었을 것이다. 1412년(태종 12) 6월 3일, 향교의 비가 자식을 낳았다는 기록이 보이며, 후대의 일이지만 1456년(세조 2), 경주향교의 노비가 수백 호라는 기록이 확인된다. 이렇듯 노비는 사람이었기 때문에 자연 증감이 있었을 것이며, 또 재산으로서 매매를 통한 증감 또한 있었을 것이다. 즉 노비 정액 또한 국가에서 정해 준 최소 기준은 있었지만, 각 향교의 재산 증식 노력을 통해 향교마다 노비 수에서 차이를 보였던 것이다.

노비와 전지는 향교 운영에 필요한 재원이었지만, 앞서 살펴본 향교 공간 구성처럼 각 향교마다 달랐다는 것을 알 수 있다. 다시 말해 모든 향교가 같은 것 같지만, 실제로는 각 향교마다 공간 구성, 재정 등 저마다의 특징을 갖고 있었던 것이다.

이러한 재정 규모에서 어떻게 예산을 편성하고 사용했는지 구체적인 정보를 확인하기는 어렵다. 다만 당시 성균관의 예를 통해 대략적인 상황을 엿볼 수 있다. 우선 성균관의 경우를 살펴보자. 성균관은 편제상 생원·진사 각 100명의 인원을 가르칠 수 있었다. 그리고 성균관의 예산은 최대 200명의 인원을 가르칠 수 있도록 편성될 수 있었다. 다만 성균관의 인원은 유동적이었기에 인원수에 따라 예산이 조정되었다. 이는 향교도 마찬가지였을 것이다.

향교의 혜택을 받을 수 있는 인원수는 군현의 등급에 따라 30-90명으로 한정되어 있었다. 흥미로운 것은 정해진 액내 교생 수를 모두 채우려 하지는 않았다는 것이다. 다시 말해 액내에 빈자리가 있어도 기계적으로 액외에서 채우지 않았다. 액내를 선발하는 데 향교마다의 기준이 있었음을 유추할 수 있다.

어찌되었건 학교 취학 인원수가 중요했던 것은 인원수에 따라 급식·난방·의료 등의 비용에서 차이가 발생했기 때문이었다. 따라서 기근 등의 경제적 변수가 발생하면 급식 등의 비용을 줄이기 위해 생도들을 집으로 돌려보내거나 인원을 줄였고, 때로는 급식량을 줄이기도 했다. 후술하겠지만, 향교가 운영을 멈추고 생도들을 집으로 돌려보내는 행위를 방학放學이라 불렀다. 사실상의 휴교休校였다.

2

교생의 일상

지방 사회에서 향교란?

    지방 사회에서 향교는 어떤 위상을 가졌을까? 향교에 다닌 다는 것은 당시 사람들에게 어떤 의미였을까? 사람들이 향교에 간 이유는 두 가지로 생각해 볼 수 있는데, 하나는 향교에 가는 것이 사람들에게 이득이 되었다는 것이고 다른 하나는 향교에 가지 않으면 불이익이 있었다는 것이다. 좀 더 구체적으로 말해 보면, 과거 합격이라는 업적을 보장하지 못하더라도, 향교에 출 입한다는 것만으로 지방 사회에서 타인의 부러움을 살 수 있도 록 만들어 줘야 했다. 향교의 위상이 아무리 높다고 하더라도, 사람들에게 이득을 주지 못하면 외면받을 수 있었다. 반대로,

향교에 가지 않으면 불이익이 생길 때 사람들은 향교로 향했다.

향교에 가지 않았을 때의 불이익은 뒤에서 살펴보기로 하고 먼저 향교를 통해 얻을 수 있는 이점을 살펴보자. 우리는 조선시대는 유학 혹은 성리학의 사회이고, 이 학문을 상징하는 것이 공자였기에, 공자를 모신 문묘의 위상은 왕도 함부로 할 수 없는 정도였다는 것을 잘 알고 있다. 따라서 자연히 문묘가 있는 향교의 위상 또한 높았을 것이라고 짐작할 수 있다. 그런데 조선시대 사람들은 향교의 위상이 높다는 것을 무엇으로서 체감할 수 있었을까? 바로 의례였다. 당시 사람들은 의례를 통해 향교의 위상을 직·간접적으로 인식할 수 있었다.

수령은 해당 고을에 부임하면 공식 일정의 첫머리를 알묘謁廟, 즉 향교 대성전 참배로 시작했다. 지방 사회에서 수령의 일거수일투족은 주목받을 수밖에 없었는데, 특히 새로 부임한 수령의 첫 공식 행사는 더욱 주목받았다. 그런 수령이 가장 먼저 찾는 곳이 향교였으니, 향교는 주목받는 공간으로서 그 지위를 유지할 수 있었던 것이다.

한편으로, 과거에 합격한 사람들은 자신의 고향으로 돌아가 영친의榮親儀를 행했는데, 이는 향교와 더불어 합격자 자신의 위상을 제고시켜 줬다. 합격자가 행하는 영친의는 1429년(세종 11)에 마련되었다. 대략적인 내용은 합격자가 고향에 도착하면 고을의 향리들이 맞이해 주고, 향교 문묘에 참배한 다음 부모의 집으로 가는 것이었다. 그리고 수령의 안내하에 부모와 함께 객사客舍로 이동, 교생들의 경하를 받고 본격적인 연회를 시작했다. 영친의는 합격자의 부모를 위한 의례를 넘어, 해당 고을 출신의 합격자 환향 의례로서 해당 고을의 성대한 축제였다. 개인한 사람의 과거 합격으로 인하여 개최된 연회이지만, 부모를 모시는 예식으로 인하여 부모와 합격자 모두에게 지방 사회에서의 권위가 상승하는 효과를 주었을 것이다. 따라서 영친의는 단순히 과거 합격자에게 내리는 축하 연회를 넘어서, 지방 사회에서 과거 합격자의 권위 상승 및 지역민들에게 성공한 삶이 무엇인지를 보여 주는 기획 행사였다고 판단된다.

생원·진사시 합격자들에게 수여한 백패白牌에도 유사한 효과가 있었다. 백패란 생원·진사들에게 내려 준 합격 증서이다. 원래는 별도의 합격 증서를 수여하지 않았는데, 생원·진사들의 관직 진출이 문음門蔭 출신들과 다르지 않다는 이유로 백지 반폭을 사용하여 합격 증서를 만들어 준 데서 비롯된 것이었다. 백지 반폭을 사용한 이유는 문·무과는 홍패를 주고, 잡과는 문·무과 기준 반폭인 홍패를 주고 있었기에, 이를 참고하여 생원·진사시는 반폭인 백패로 결정한 것이었다. 생원·진사에게 백패를 내려 주는 것은 합격 증서 수여자의 대상을 확대하는 것이었다. 왕이 하사한 증서를 가지고 있다는 것만으로도 지방 사회에서는 높은 위상이 보장되었다. 이는 신급제 영친의와 같은 효과를 주었을 것이다. 즉 이러한 의례 등은 과거와 학문學文에 대한 권위를 상승시켰고, 과거와 학문의 중심인 향교의 권위 상승을 추동하는 요인이었던 것이다.

다른 한편으로, 향교는 지방 사회와 연동되어 움직였다. 1430년에는 전라도 무진군(현 광주)의 품관들과 향리들이 노홍준·김전 등의 집을 강제로 헐어 버린 뒤 고을에서 내쫓고(출향黜鄉), 향교 생도들은 김전의 아들 숙장과 중장을 향교에서 내쫓는 일이 발생했다. 품관과 인리들은 김전 등이 무고로 수령을 고소하여 풍속을 어지럽혀 주州를 군郡으로 강등시켰기 때문에 고을의 대소인민大小人民들이 회의하여 결정했고, 이러한 결정은 모두 공의公議에서 나왔다고 주장했다. 생도들은 풍속을 어지럽힌 사람들과는 함께 공부할 수 없기 때문에 학교에서 내쳤다고 주장했다.

그러나 실제 이 사건은 김전·노홍준 등이 수령을 고소하자 감사가 사건에 대한 조사를 했는데, 처음에는 품관과 아전들 모두 노홍준을 감싸 주다가 사건의 실체가 드러나자 모든 죄를 노홍준·김전 등에게 전가하여 벌어졌던 일이었다. 즉 수령 고소에 의한 사건의 실체가 드러나자 자신들 또한 처벌받을 것이 두

려운 나머지, 공의라는 이름으로 노흥준·김전을 희생양 삼은 것이었다. 이 사건은 세종과 대신들의 논의 끝에 노흥준 등의 출향을 환원하는 대신 품관 등 사건 관계자들은 처벌하지 말고, 다만 헐어 버린 집은 복구하지 말라고 전교하며 마무리되었다.

이 사건에서 주목되는 것은 학교 생도들 또한 고을의 여론을 따라 움직였다는 것이다. 고을의 공의, 즉 향중공론이라는 명분에 교생들 또한 동참했던 것인데, 이들의 참여는 향중공론의 명분을 강화시켜 주는 시너지 효과를 가졌을 것이다. 향교는 문묘로 인하여 높은 권위를 보장받았고, 여기에 더하여 학문을 닦는 곳이었기에 향교를 출입하는 교생들 또한 문묘의 우산 아래 있었다. 따라서 교생들 또한 그들만의 목소리를 낼 수 있었던 것이었다. 다시 말해 품관, 인리와 더불어 향중공론의 일원으로 나란히 서 있던 것이었다.

같은 교실, 각기 다른 진도

향교에선 어떻게 수업이 진행되었을까? 조선 전기에는 이와 관련된 기록이 없어 구체적인 수업 방식을 알 수 없다. 다만 도성 사부학당의 수업 방식을 알 수 있는데, 이를 통해 향교의 수업 방식을 유추할 수 있다. 사부학당이란 도성의 오부 가운데 북부를 제외한 동·서·남·중부에 있던 학당으로서, 오늘날의 대학 부속 고등학교 형태와 유사하게 운영된, 도성민을 위한 중등 교육 기관이었다. 먼저 사부학당의 수업 방식에 대해 알아보자.

1. 학교에 다니는(就學) 사부학당 생도 가운데 사서四書 이하를 공부하는 사람은 교관敎官이 담당해 [학업을] 성취할 수 있도록 도와주고, 만약 담당 교관이 사유가 있어 자리를 비우면 그날 출근한 다른 교관이 가르칠 것

2. 글을 가르칠 때 등급을 뛰어넘어 가르치는 일은 없도록 하고, 학습하던 책을 끝마치면 교관이 문서에 기록하고 다른 책을 가르치고 [이러한 변동 사항을] 예조에 보고할 것

3. 서찰書札 또한 유자儒者가 익혀야 할 것이니 아울러 가르칠 것

4. 사서를 다 읽고 대의大義에 통달해 깨우친(通曉) 자는 위 조항에서 제외할 것

5. 예조는 매달 사부학당에 가서 각종 문서들(置簿)을 세심히 살피고 연중 평가 기록(歲抄)에 빠짐없이 기록하여 계문할 것

6. 자子·오午·묘卯·유酉 해마다 교관의 근만을 살펴서 담

당한 생도 중 재주를 이룬 자가 가장 많은 자는 계문하

여 특진시킬(不次擢用) 것

- 『세종실록』 세종 4년 11월 14일

이 사료를 보면 사부학당에서의 수업이 어떻게 운영되었는지 알 수 있다. 내용을 보면 사부학당의 주 교육 대상은 사서 단계에 있는 학생들이었다. 학당의 취학 연령을 가늠할 수 있는 사료는 없지만, 『소학小學』의 가르침을 맡고 있다는 표현이나, 공통 과목인 『소학』을 최우선으로 가르치고, 사서 위주의 수업이 진행되었다는 점, 실제로 학관學官이 퇴근하면 동몽들이 장난치고 떠들어 공부를 안 하니 퇴근 시간 이후에도 동몽들의 공부를 지도하라는 기록이나, 학관은 휴가 없이 늘 출근하도록 하고 심지어 제사에 참여하더라도 행사가 끝난 뒤 학교에 출근하라는 것을 보면, 학당은 동몽부터 약관을 치르지 않은 나이대, 즉 오늘날의 초등학교 고학년부터 중·고등학생 나이대의 학생들이 취학했다고 판단된다. 물론 향교에도 동몽은 있었지만 어디까지나 동몽 이상의 나이대가 주 교육 대상이었기에 사부학당과의 직접적인 비교는 어려울 것이다. 그러나 『소학』과 사서 위주의 교육이 이뤄졌다는 점, 유아 교육이 아닌 이상 교육 방

식에 큰 차이는 없다는 점 등으로 미뤄 짐작했을 때, 향교에서도 비슷한 방식으로 교육이 이뤄졌을 것으로 판단된다.

먼저 사부학당에서는 학생들이 취학하면 그들을 나누어 교관에게 '분예分隷'했는데, 오늘날로 말하면 담임제를 실시했다고 할 수 있다. 다만 오늘날 초등학교의 경우, 선생 1명이 한 학급을 담당해 일부 과목을 제외한 나머지 과목을 전부 가르치며, 중·고등학교의 담임은 생활지도를 우선하는 반면, 이때는 오늘날 초등학교처럼 선생 1명이 학생을 맡아 모든 과목을 가르치되, 나이와 상관없이 학습 전반을 가르쳤다. 이러한 차이는 학년별로 교과 과정이 정해져 있는 오늘날의 교육 체계와 달리, 이때는 대략적으로 『천자문』, 『소학』, 사서, 오경 순서로 배웠고, 이 책들이 사실상 정규 과목의 전부였다는 데서 나타났다고 할 수 있다. 오늘날처럼 학년에 따라 모든 과목의 난이도가 달라지는 것이 아니라, 하나의 책을 익히고 나면 다음 책을 익히는 과정이었던 것이다. 즉 학생이 읽고 있는 책이 곧 그 학생의 교육 과정이었다. 따라서 한 명의 학생이 취학하면 한 명의 교관이 전담하게 하여, 그 교관이 사서를 전부 가르치도록 했던 것이었다. 이러한 방법은 향교에서도 그대로 적용되었을 것으로 보인다. 다만 교관이 여러 명이었던 사부학당에 비해 향교는 교관 1명이 전담했기에 모든 교생이 해당 교관에게 배웠다.

그리고 오늘날처럼 성적과 단계로 반을 나눠 학습하는 것이 아니라, 과정에 따라 학습을 진행했기 때문에 1:1 수업을 진행한 것으로 보인다. 예를 들어, 사서를 『논어』·『맹자』·『대학』·『중용』 4개 반으로 편성해 수업을 진행하는 것이 아니라, 같은 책을 공부해도 사람마다 학습 속도의 차이가 있었기 때문에, 이러한 점을 고려해 동시에 수업을 진행하지 않고 선생이 개별 학생과 마주 앉아 1:1로 수업을 진행했다고 판단된다. 조선 후기의 그림이지만 김홍도의 〈서당〉에서 이러한 모습을 엿볼 수 있다.

〈서당〉을 보면 선생 앞에 1명의 학생이 앉아 있고, 그 학생은 선생을 등지고 앉아 눈물을 훔치고 있다. 아마도 선생에게 꾸중을 들어 눈물이 났나 보다. 그리고 그러한 장면을 나머지 학생들이 둘러앉아 보고 있다. 오늘날의 시각으로 보면 이 장면은 시험 혹은 평가가 이뤄지는 장면이라 생각하기 쉽겠지만, 당대의 시각으로 보면 어제의 수업을 복기하는 과정에서 학생의 미진함을 꾸짖는 장면일 가능성이 높다. 어제의 학습 내용을 숙지해야 오늘의 수업을 이어 갈 수 있었기 때문이다.

위와 같이 수업을 진행했을 때 발생할 수 있는 다양한 경우의 수를 예상해 보자. 하나는 학생 수가 많아지면서 교관 대비 학생 비율이 높아져 개별 학생에 대한 교육 시간이 감소하고, 이로 인해 학업 성취도가 낮아질 수 있다. 반대로 담당 교관이

그림 7　김홍도, 《단원 풍속도첩》〈서당〉, 국립중앙박물관 e뮤지엄에서 전재

모두 책을 펼치고 있지만, 진도는 같을 수도, 다를 수도 있었다. 개개인의 학습 성취가
달랐기 때문이다

줄어들어도 같은 현상이 나타날 수 있었다. 학생 수가 많아지는 것과 교관이 줄어드는 것은 수업의 질이 떨어질 수 있다는 점은 같았으나 그 원인은 다른 데에서 기인한다. 교관 10명과 학생 100명으로 운영되는 학교에 학생이 200명으로 늘어나거나 교관이 5명으로 줄어들면 교관 대 학생 비율은 1:20으로 동일하다. 하지만 전자는 그만큼 배우고자 하는 사람이 늘어났다는 것이며, 후자는 가르치는 사람이 줄어들었다는 것이다. 따라서 그 대처 방안도 다를 수밖에 없다. 또, 가르치는 능력은 교관마다 천차만별이었을 것이기 때문에 특정 교관의 강의를 원하는 학생들이 많아지거나, 혹은 모든 교관의 강의 능력을 불신하여 취학을 외면할 수도 있었다. 반대로 교관들이 우수한 학생 혹은 잠재력이 높다고 판단되는 학생들을 서로 맡으려는 현상 또한 발생할 수 있었음을 예상해 볼 수 있다. 그러나 향교는 교관 1명과 생도 숫자의 비율이 사실상 고정되어 있었기 때문에 사부학당과 달리 이러한 문제는 일어나지 않았다. 향교의 문제는 교관의 능력과 의지에서 비롯되었는데, 이와 관련해선 3장에서 상세하게 서술하겠다.

한편, 사부학당의 교관은 예조의 평가를 받았다. 평가 항목은 담당 생도 중 성과를 보인 숫자, 곧 성적 우수자 혹은 과거 합격자의 수였고, 3년 동안 가장 많은 사람을 배출한 교관은 특진의 혜택을 받았다. 향교 교관도 자신이 가르친 교생들이 좋은 성과를 얻었을 때 좋은 평가를 받을 수 있었다. 이 문제 또한 3장에서 살펴보겠지만, 교관 및 교생의 자질과 별개로 3년에 33명을 선발하는 문과와 3년에 200명을 선발하는 생원·진사 선발 자체의 어려움이 상당했기에, 우수 성과로 특진하는 사례는 극히 드물었다. 이러한 문제에도 불구하고 교관 평가의 기준으로 교육의 효과, 다시 말해 학생들의 성적이나 시험 합격자 배출 등을 적용했다는 것은 주목할 만한 점이다. 뒤에 다시 살펴보겠지만, 향교 교관들은 그 입사 경로에 따라 전혀 다른 관로를 따라 승진했다. 그러므로 모든 향교 교관들의 승진이 어려웠다고는 할 수 없겠지만, 조선시대 전체를 대상으로 교관의 처우를 평가한다면 승진하기 어려운 구조였다고 할 수 있겠다.

향교에서 동몽 교육을 받았든, 혹은 가정에서 교육을 받았든, 향교에 들어가면(부학赴學) 개인별 학습 과정에 대한 진단을 받았다. 만약 『논어』를 이미 읽고 들어왔다면 다음 단계인 『맹자』를 읽는 것이며, 『맹자』를 모두 끝마치지 못하고 중간 정도까지 읽었다면 『맹자』를 처음부터 읽어 가면서 학습해야 할 곳을 찾았을 것이다. 학생은 기본적으로 동재에서 교육을 받았고, 때때로 강당에서 행사를 치렀다.

우리는 향교의 수호자

향교에서 교생들끼리 어떻게 지냈는지에 대한 사료는 사실상 없다고 봐도 무방하다. 지금도 마찬가지겠지만 또래집단 내에서 벌어지는 일이 외부로 흘러나오지 않을뿐더러, 설령 나왔다고 하더라도 그 사건이 사료에 기록되어 전해질 만한 사건은 안 되었기 때문이다. 다만 조선 전기를 대상으로 했을 때, 1454년(단종 2), 경상도 양산현에서 일어난 사건을 통해 향교 교생들 사이의 관계를 짐작할 수 있다. 먼저 사건의 전말부터 알아보자.

당시 양산향교의 생도들은 어머니의 실행失行을 이유로 유학幼學 이건원을 향교에서 쫓아내려 했다. 향교 생도들의 말을 들은 이건원은 어머니에 대한 분노가 쌓여 갔다. 때마침 참외를 깎던 이건원에게 어머니가 공부하러 가지 않는다며 야단을 치자, 이건원은 어머니의 실행 때문에 학교에 가지 못한다고 말했다. 어머니가 노하여 아들을 때리다가 이건원의 참외 깎던 칼에 오른쪽 갈비뼈를 다쳤고, 끝내 숨졌다. 이로 인하여 이건원도 능지처사를 당했다. 어머니의 행동으로 인해 학교에 가지 못한 아들의 스트레스와 그러한 아들을 보며 학교에 가지 않는다고 나무라던 어머니의 훈육이 충돌하여 두 모자가 모두 죽게 된 비극적인 사건이었다. 이건원이 비婢 우가羽加에게 노奴 용만用萬을

그림 8 | **양산향교 전경**, 한국민족문화대백과사전에서 전재

구릉진 곳에 자리한 양산향교. 전학후묘의 형태를 띠고 있다. 교생들이 명륜당 앞뜰에 삼삼오오 모여 이건원을 놀렸을 장면을 떠올려 보자

죽이고 싶다고 말했다는 것으로 보아, 어머니의 실행은 노 용만과 관계된 것으로 생각된다.

이 사건은 가정 내부의 일이 마을에 소문으로 퍼졌고, 그것이 교생들에게 전파되어 이건원을 출학點學시키자는 논의가 일어났으며, 이를 알게 된 이건원이 학교에 가지 않다가, 어머니의 꾸중에 억눌려 왔던 화가 폭발하며 일어나게 된 것이다. 노

용만과 어머니의 관계 여부와 상관없이 그러한 소문이 학생들에게 퍼졌고, 이로 인해 이건원이 스트레스를 받아 학교에 가지 않았다는 점은 오늘날이라고 해도 크게 달라지지 않았을 것이다. 아들 이건원이 어머니의 행동을 적극적으로 항변하지 못하고, 노에 대한 분노와 어머니에 대한 원망을 동시에 갖게 되었다는 것은 그 또한 어머니의 행동이 잘못된 것이라고 생각하고 있었다는 것이다.

조선시대에는 반역·강상·장죄贓罪 등 특수한 범죄를 제외하고는 연좌제가 적용되지 않았다. 더군다나 이건원 어머니의 품행이 법적으로 죄로 판정받은 것도 아니었다. 그럼에도 이 소문을 들은 교생들은 품행이 좋지 않은 어머니의 아들인 이건원과 함께 학교에 있을 수는 없다면서 그의 출학을 논의했던 것이었다. 같이 놀지 않는 것이 아니라 출학을 논의했다는 것에서, 당시 교생들은 오늘날의 또래집단이라기보다는 향교의 권위를 같이 수호하면서 그 권위를 자신의 권위로 만들려는, 일종의 결사체였다고 볼 수 있다. 다시 말해 교생이 된 이상 향교의 권위를 실추시키는 행동을 해선 안 되고, 그러한 행동을 하는 사람이 있다면 언제든지 쫓아낼 수 있었는데, 이는 곧 자신들의 권위를 지키기 위한 행동이었던 것이다. 이건원은 비록 그 자신이 저지른 행동은 아니었지만 품행이 바르지 못한 사람의 자녀였다. 이러한 사람이 향교에 다니는 것은 향교의 권위를 실추시키는 것이었기에 양산향교 교생들은 이건원을 내보내려 했던 것이었다.

이건원의 능지처사라는 비극적인 사건으로 끝난 이 사건으로 양산향교의 권위는 지켜질 수 있었을까? 실제로 출학이 이뤄졌다면 이건원은 실행 부녀의 아들이라는 낙인을 평생 짊어지고 살아야 했을 것이다. 어머니에 대한 소문으로 인해 학교에 가지 못하는 이건원의 심정은 어떠했을까? 물론 그렇다고 해서 어머니를 죽게 만든 이건원의 잘못을 옹호하는 것은 아니다. 다만 비록 그 소문이 사실이라고 해도, 과연 두 모자가 모두 죽어야만 했는가라는 의문을 갖지 않을 수 없는 것이다. 현대를 살고 있는 우리의 시각에선 이러한 의문이 당연할 것이다. 그러나 당대 사람들은 그렇지 않았다. 실행 부녀의 아들로 평생을 살아갈 이건원의 원망과 분노는 극에 달했을 것이다. 그렇다면 이건원은 어떤 선택을 했어야 했을까? 현재 우리로서는 알 수 없다. 다만 두 모자 모두 불행한 삶이 이어졌으리라는 것은 분명하다.

서리가 될 순 없어!

　앞서 살펴보았던 고려 말 영해부 향교의 기문에서는 학업의
방향도 언급하고 있다. 이곡은 구두句讀와 시문詩文만 익히고 쇄
소·응대·진퇴의 예禮와 육예六藝를 배우지 않으면 향풍鄕風 촌학
村學일 뿐이라고 강하게 말했다. 이곡은 유학 지식만 배워서는
안 되며, 새 시대 새 사람으로서 지켜야 할 예절과 실용 학문 또
한 배워야 한다고 강조한 것이다. 주목되는 것은 예와 육예를
모르면 향촌의 학문이라고 지목한 대목이다. 이곡은 유학 지식
을 알고 있으면 향촌에서 인정받을 수 있겠지만, 중앙에서 인정
받는 사람이 되기 위해선 유학 지식을 포함한 예와 육예 모두를
알아야 한다고 했다. 이는 다시 말하면 유학 지식을 알면 향촌
에서 인정받을 수 있었다는 것으로, 향교에 다니는 것은 곧 유
학 지식 습득을 상징하는 것이었기에, 자연히 향촌에서 향교와
교생의 권위는 상승할 수밖에 없던 것이었다.
　예와 육예를 모두 알아야 한다는 이곡의 바람은 조선 건국
후 『소학』·『주자가례』가 과거 녹명錄名 항목에 편재되는 것으로
가시화되었다. 과거 녹명은 과거를 보기 위한 일종의 신원 확
인 및 기초 테스트 같은 것인데, 이 테스트 과목으로 쇄소·응대
로 상징되는 『소학』과 기본 의례서인 『주자가례』가 삽입된 것이

었다. 그러나 이러한 과목들도 결국 시험이었기 때문에 예와 의례에 대한 지식 교육으로 변질되었고, 실천은 개인에게 위임되었다.

이상과 현실의 괴리는 과거 합격을 통한 입사入仕, 다시 말해 시험 합격을 통한 취업 때문이었다. 관료가 되고 싶은 마음은 교생뿐만 아니라 생원·진사들까지 공통적으로 갖고 있었다. 생원·진사들이 성균관에 입소하지 않거나 고향으로 내려가 성균관이 비어 버리는 이른바 '성균관 허소화虛所化 현상'은 15세기 내내 문제로 여겨졌다. 그 원인 중 가장 큰 것은 지방에서 올라와 한성에 머무르는 체류비가 상당했다는 것으로, 지방에서 상경해야 할 경우 애초에 올라오지 않거나 올라왔어도 곧 고향으로 돌아갔다. 두 번째 이유는 문과 응시를 미루고 입사를 우선했기 때문이었다. 성종 대에는 '유생들이 책을 끼고 다니는 것 자체를 수치스러워해 모두 출사出仕할 생각만 한다'거나, '충순위·충찬위에 소속되어 품계를 올리다가 4-5품에 이르러 과거에 합격하면 어제의 스승보다 높은 직급에 있게 되니 유생들이 스승을 무시하게 된다'라는 지적이 나오기에 이르렀다.

첫 번째 이유가 경제적인 문제였다면, 두 번째 이유는 학문을 대하는 유생들의 태도와 관련된 문제였다. 두 번째 문제를 해결하기 위한 대책은 주로 성종 대에 논의되었다. 이때 제기된 대

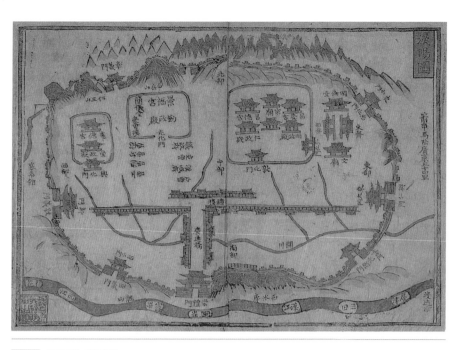

《천하도》〈한양도〉, 서울역사아카이브에서 전재

조선 초기부터 도성은 인구밀도가 높은, 생활물가가 비싼 지역이었다. 지방에서 올라온 유학생들에게 도성의 높은 물가는 성균관을 포기하게 만드는 주요 원인이었다

책은 크게 두 가지였는데, 하나는 유생들의 가동家童을 가두는 등 강제력을 동원하자는 것이었다. 이는 주로 한성 유생들을 대상으로 제기된 것이었는데, 별다른 호응을 얻지 못해 오래 시행되지 못했다. 다른 하나는 과거 규정을 바꿔 생원·진사들의 성균관 입소를 유도·강제하는 것이었다. 이는 성균관 허소화 문제를 과거와 연동시켜 대책을 고안한 것으로, 학업과 취업의 관계에서 원인을 찾은 것이었다. 이 방법은 식년시 초시 강경 시

행과 원점법 강화 두 가지였는데, 전자는 시험 과목을 바꿔 생원·진사들의 성균관 입소를 유도하는 것이었고, 후자는 출석을 근거로 시험 응시 자격을 주는 것이었다.

한편, 초시 강경과 달리 원점제는 거관을 강제하면서 한편으로는 응시 자격을 제한했기에 다양한 변주를 만들어 내면서 유지·활용되었다. 시험 자격이 학적 등재자로 완화되기도 했지만, 부정을 통한 원점제 확보를 방지하는 규정을 보완하고, 부정을 저질렀을 시 처벌하는 규정도 강화되었다. 여기에 더 나아가 내부 평가를 통해 일정한 성적을 거둔 자에게만 응시 자격을 주는 방법까지도 검토되었다.

고향으로 내려가거나 애초에 성균관에 취학하지 않은 생원·진사들은 어디로 갔을까? 그들은 고향에서 향시에 응시했다. 위에서 언급한 바와 같이 식년시 향시가 강경으로 치러지자, 상대적으로 감독이 엄격한 한성시와 성균관시의 합격자 수에 비해 지방 향시의 합격자 수가 많아진 것은 이러한 대목을 방증한다. 향교의 사마재는 이러한 인재들이 고향에서 공부할 수 있도록 여건을 제공해 준 것이었다.

이러한 양상은 모든 유생들의 바람이 과거 합격, 궁극적으로 취업에 있었음을 방증하는 것이라 할 수 있다. 그리고 취업을 향한 바람은 교생이라고 다르지 않았다. 다만 이들이 원하는 취업은 서리書吏·전문 기술인 등이 아닌 문과 합격을 통한 동반 東班 정직正職, 오늘로 비유하면 정규 공무원이었다. 교생들의 선호 직군은 세공 생도 차출과 관련해서 잘 드러난다. 15세기 말 사헌부는 '나이 많고 재주 없는 교생은 세공歲貢으로 충당해 여러 관사의 서리로 차정한다'라는 규정을 언급하며 '나라에서 기르는 사람을 갑자기 서리로 충당하는 것은 옳지 않다'라고 했는데, 대신들은 '재능이 있다면 조정에 등용될 것'이라고 하면서도 '수령이 능력 있는 사람을 세공으로 차출하지는 않을 것'이라고 했다. 그러면서 재능이 부족해 과거에 합격하지 못하면 서리에 자원하거나 서원書員·일수日守가 되며, 가장 마지막으로 군졸에 귀속될 것이라고 했다.

사헌부의 의견은 '늦게 꽃피울 수도 있는데, 세공은 그런 가능성을 없애는 것이다'라는 것으로, 이상적으로는 사헌부의 의견이 옳았다. 이에 반해 대신들은 '모든 교생이 관료가 되는 것은 아니며, 과거에 합격할 사람들은 세공으로 차출되기 전에 합격한다'라는 현실론으로 대응했다. 그러면서 교생이 가질 수 있는 직업의 등급 단계를 '군졸, 서원·일수, 서리, 관료'의 순서로 나열했다.

이후 세공 생도에 대한 꾸준한 반대 의견이 제기되어, 결국에는 '교생 정원을 채우지 못할 경우 부역 없는 평민(無役平民) 중에서 글자와 계산을 할 줄 아는 사람을 뽑아 충당하는 것'으로 정리되었다. 이러한 개정 규정에 따르면 향교의 정원을 1명이라도 비워 놓을 경우 교생은 차출되지 않았다. 그러나 "오늘날 교생이 되면 내일은 반드시 도필리刀筆吏가 될 것이니, 보인保人이 될지라도 향교의 생도는 되지 않겠다"라는 인식까지 퍼지게 되었다. 보인이란 군역에 편제된다는 것이었는데, '서리가 되는 것보다 군역에 편제되는 것이 더 좋다'라는 것이었다. 이러한 인식의 기저에는 과거에 도전해 문신이 되어야 한다는 생각이 있었던 것이다.

방학과 휴교

　주지하듯 향교의 재원은 학전學田과 교노校奴였다. 그러나 얼마 안 되는 학전으로는 모든 교생에게 급식과 숙식을 제공하기 어려웠고, 몇 안 되는 노비로 모든 교생의 수발을 들 수는 없었다. 혹 독지가의 기부로 재원이 풍족해지거나, 혹은 재정 운영에 수완을 발휘해 향교 재정이 풍족할 수도 있었으나, 오늘날의 공립학교와 마찬가지로 대부분의 향교는 한정된 재원으로 운영될 수밖에 없었다. 따라서 재정 건전성을 위협하는 작은 사건에도 향교 운영은 난항을 겪을 수밖에 없었다.

특히 기근이나 흉년은 향교 재정의 가장 큰 위협이었는데, 이는 향교뿐 아니라 교생의 가정 경제에도 영향을 끼쳤기 때문이었다. 따라서 기근이나 흉년이 들면 생도가 양식을 가지고 오기 어렵다는 이유로 방학을 실시했다.

조선시대의 방학 기간은 방학이 시행된 때부터 다음 해 추수까지였다. 오늘날처럼 은행에서 돈을 빌리거나 할 수 없는 사회였기 때문에, 가을에 흉년이 심하면 다음 해 추수 때까지 사실상 1년 동안 향교 운영을 멈췄다. 흉년·기근이라고 해서 향교의 모든 것을 멈추는 것은 아니었다. 정도의 차이에 따라, 때로는 교관들도 집으로 돌아가도록 하거나, 교수관·학장의 급료를 없애기도 했다. 또 농번기에 한하여 방학하거나, 교생의 순번을 나누어 돌아가면서 향교에 나와 공부할 수 있도록 했다. 이러한 양상은 기근의 정도에 따라 유동적으로 대처했다는 것을 보여 준다. 이렇게 본다면 방학은 정기적인 것이 아니라 그 해의 풍흉과 유생들의 경제적 상황을 고려하여 비정기적으로 학교 운영을 멈추는, 오늘날 휴교의 의미와 유사한 것이었다.

오늘날 방학은 여름·겨울 날씨로 인해 학업이 어려울 때 학교를 쉬는 개념인데, 이때의 방학은 흉년·기근으로 수업이 어려울 때 행하는 것이었다. 앞서 살펴 보았지만 향교에선 여름을 나기 위해 루를, 겨울을 나기 위해 온돌방을 설치했다. 계절 변화는 공부를 방해하는 요인이 아니었던 것이다. 다시 말해, 학업에 영향을 주는 것은 날씨가 아닌 경제였던 것이다.

1990-2000년대까지만 하더라도 학교의 냉·난방이 열악해 여름·겨울에 방학을 실시할 수밖에 없었을 것이다. 이는 학교의 냉·난방 시설을 설치·운영할 정도로 우리의 경제력이 충분하지 않았다는 것을 방증하는 것이기도 하다. 그러나 2000년대 초반부터 도입된 에어컨이 상징하듯, 이제는 학교마다 냉·난방 시설이 좋아졌다. 따라서 여름·겨울의 날씨는 학교에서의 교육을 멈추는 이유가 되지 못할 것이다. 우리 사회도 기존의 방학 개념이 아닌 또 다른 형태의 방학 도입을 고민할 시점인 것이다.

불교 배척으로 하나 되는 유생

1437년(세종 19), 성균관 주부 송을개는 전국의 모든 학교에 학령學令을 세우고 선부善簿와 벌부罰簿를 만들어 그 행실을 기록했다가 연말에 조정에 보고해 시험 응시나 관직을 제수할 때 참고하자고 건의했다. 송을개의 이야기는 쉽게 말해 '상벌점제를 운영하고 교생 취직 시에 상벌점 기록을 활용하자'는 것이었다.

여러 논의 끝에 학령을 세우는 것은 무산되었지만, 교생들의 학업 및 행실에 대한 관리·감독의 필요성이 제기되고 있었던 것이다.

이와 다르게 과거 합격자와 생원·진사들은 범죄를 저지를 경우 관직자의 예로써 처벌받았다. 과거 합격자는 문·무·잡과 합격자를 말하는 것으로, 이들은 발령을 받지 않았을 뿐 사실상 관료나 다름없었다. 따라서 관료처럼 대우하는 것은 충분히 있을 법한 조치였다. 하지만 생원·진사까지 관료로서 대우한다는 것은 일종의 특혜였다.

성균관 유생들은 동일한 공간에서 동일한 규정을 적용받았고, 이러한 부분은 유생들 간의 연대에 영향을 끼쳤을 것으로 생각된다. 그런데 다른 한편으로 이들은 생원·진사, 즉 소과 합격자라는 공통점을 갖고 있었다. 따라서 성균관 생활을 통해 만들어진 유생들 간의 연대는 소과 합격자라는 공통점을 통해 전국의 생원·진사들에게 뻗어 나갔다. 흥미로운 것은 향교 교생들은 과거를 준비하는 일종의 수험생이었지만, 생원·진사들과 유학자라는 공통점이 있었다는 것이다. '공맹의 도리를 추구한다'는 공통점이 생원·진사, 성균관 생도, 향교 생도 들을 하나로 묶어 준 것이었다.

유생들 간의 연대가 잘 드러나는 대목은 벽이단闢異端, 즉 불

그림 10 **서울 흥천사 대방 전경**, 국가유산청 국가유산포털에서 전재

서울 성북구에 위치한 흥천사는 근대 이후 서울이 확장되면서 서울 소재가 되었다. 조선시대에 이곳은 도성 밖이었다

교 배척과 관련된 사안들이었다. 우스갯소리로 외계인이 쳐들어왔을 때 지구가 단결한다고 하지 않던가? 유생들은 불교라는 일종의 공통된 적을 앞에 두고 연대했다. 유생들과 승려의 충돌은 조선 건국 때부터 있어 왔다. 그래서 성균관·사부학당과 향교 생도들에게 사찰 출입을 금지시키고 스승들에게 생도들의 사찰 출입을 관리·감독하도록 했다. 두 집단의 충돌을 막기 위해 유생들과 승려가 부딪힐 일을 만들지 않으려 했던 것이었다.

불교에 대한 유생들의 태도가 강성으로 바뀐 것은 세종 재위 후반기 세종의 불교 심취와 내불당 때문이었다. 세종은 유생과 승려 간의 충돌을 미연에 방지한다는 명분으로 아동들이 흥천사와 흥덕사에 공부하러 가는 것을 금지시켰다. 그러면서 특서로特書로 "이후부터 유생들이 절에서 노는 것을 금지한다"라는 내용의 방을 걸었다. 그러자 성균관 생원 이영산 등 648명은 불교 배척 상소를 올려 세종의 친불교적 행보를 비판했다. 이때부터 불교를 둘러싼 세종과 유생들의 대립은 점점 격화되었다.

1442년(세종 24) 성균관·사부학당 유생 26명과 삼각산 덕방암 승려들의 집단 싸움이 일어났다. 싸움이 끝난 후 승려 중 1명이 유생들을 고소했는데, 형조는 유생들이 '유생들의 산사 출입 금지' 규정을 어겼다면서 유생들을 처벌해야 한다고 했다. 세종은 유생들을 모두 의금부에 가두라고 했는데, 이 소식을 들은 유생들은 자발적으로 옥에 들어갔다. 유생들의 이런 행태에 더 화가 났을까? 세종은 유생들을 잘 지도하지 못한 교관들을 국문하라고 했다. 유생들이 열흘 넘게 옥에 갇혀 있자 이들에 대한 보석 요청이 올라왔을 때도 세종은 거듭 공정하게 수사하여 처벌하겠다는 뜻을 강조했다. 이 사건은 끝내 20세 이상 유생은 장 60대에 속전을 받고, 중 2명은 장 80대, 그리고 나머지 유생과 교관 및 승려들은 무죄 방면하면서 마무리되었다.

이후로도 유생과 승려의 충돌은 꾸준히 이어졌다. 충돌의 주요 원인은 유생들이 사찰에 올라가 함부로 행동했기 때문이었고, 그 배경은 자신들이 승려들보다 우위에 있다고 생각했기 때문이었다. 유생 입장에선 불교 배척에 앞장섰다는 이유로 유생 사회에서 인정받을 수 있었기에, 비록 처벌을 받게 되더라도 나쁜 것만은 아니었다. 불교를 둘러싼 유생들의 반反불교 행동들은 필연적으로 유생들의 연대를 초래했고, 유생으로서의 공통된 정서를 만들어 가는 데에 기본 토대를 제공했다.

유생 연대의 전개

1473년(성종 4) 2월 23일, 도성의 중학中學 유생 조충무·박호겸, 서학西學 유생 조세보, 성균관 유생 김백문·이오 등이 시詩를 지어 교관을 비방하는 사건이 발생했다. 의금부는 해당 유생들이 이미 회초리 30대를 맞았다는 이유로 태笞 30대를 공제해 태 10대를 선고했다. 그러자 신숙주·서거정 등이 모두 엄벌에 처할 것을 요청했다. 성종은 의금부의 조율이 틀리지 않았다면서도, 최종적으로는 서학 유생 조세보 등은 태 40대에 해당하는 금액을 벌금으로 내도록 하고, 중학 유생 조충무 등은 장 100대에 처했다. 그리고 조충무·박호겸은 영구 정거하고 본래 소속이었던 학교의 서리로 만들었다.

이후에도 스승의 훈육이 부당하다며 일부 유생들이 수업을 거부하기도 했고, "내가 저 사람에게서 도道를 배우려 하나 저 사람은 도가 없으며, 내가 저 사람에게서 학업學業을 배우려 하나 저 사람은 업적業績이 없다"라면서 스승에 대한 나름의 평가를 내리기도 했다. 이러한 사례들이 주목되는 이유는 유생들이 스승을 상대화하고 그들만의 기준으로 비판하고 있기 때문이다. 물론 학교뿐 아니라 자신의 소속, 다시 말해 자신이 속한 단체·조직·기관 등에 대한 불만은 동서고금을 막론하고 있는 것이었다. 하지만 개인적인 생각과 그것이 집단의 의견으로 모여 표출되는 것은 분명 다른 차원의 행위라 할 수 있다.

다른 한편으로 유생들이 특정인을 거론하며 성균관에서 쫓아 낼 것을 요청하기도 했다. 또 유생들 사이에서 특정인들끼리 모여 계契를 만들기도 했는데, 여기에 참여한 사람과 그렇지 못한 사람들 사이에서 시기·갈등이 생기기도 했다.

이러한 유생들의 모습을 볼 때, 그들은 서로 간 공유되는 제도적 혜택과 일상생활에서 느끼는 감정 등을 통해 서로를 동료로 인식하고, 연대했던 것으로 판단된다. 다시 말해 불교 배척과 같은 공통의 관심사에서 출발한 유생들의 집단화가, 시간이 흐를수록 '유생'이라는 정체성을 공유하고 공통의 목소리를 표출하는 집단으로 형성되기 시작한 것으로 보인다. 이는 곧 유생 문화가 만들어지고 있었다고도 할 수 있다.

스스로를 '유생'이라 규정하고 그에 맞는 정체성을 스스로 형성해 갔던 모습은 복식에서도 엿보인다. 원래 국학 생도들의 복식은 태종 대에 청금靑衿으로 정해졌다. 청금은 학교에 있거나 의례가 있을 때 입는 옷이었는데, 1477년(성종 8)에 성균관·사부학당 유생은 거리에서도 청금을 입도록 했다. 이 조치로 인해 향교 유생도 청금을 입었을 것으로 생각된다. 흥미로운 것은 이 조치를 내리기 전에 '평소에도 유생들에게 청금을 입히면 학교에 다니는 유생의 숫자가 감소할 것'이라는 의견이 있었다는 것이다. 성종은 "유생이 유복儒服을 부끄러워하는 것은 성인聖人의 도를 배우는 것을 부끄럽게 여기는 것이다"라고 하면서 유생들의 복식을 다르게 할 방안을 물었고, 이것이 '길거리에서 갓(笠)과 청금을 착용하는 것'으로 정해졌던 것이었다.

오늘날 학생들이 교복을 싫어하는 감정과 유사했을까? 당시 유생들은 이 조치에 반대했다. 유니폼은 그 성격상 정체성을 확고히 해 주지만, 한편으로는 정체성을 고착시키는 효과도 갖고 있다. 이렇게 보았을 때, 유생들은 청금복을 입게 되면 자신들의 정체성이 '학생'으로 정체되어 준準관료로서의 지위를 누리지 못할까 봐 우려한 것으로 보인다. 유생들의 청금복 반대는 그들의 정체성 확장, 다시 말해 사실상 관료로서의 지위를 누리고 싶어 하는 마음에서 기인한 것이었다고 판단된다.

복식 사례를 통해 보았을 때, 유생들은 유생들만의 자율성 또한 보장받기를 원했던 것으로 보인다. 스승의 통제·간섭으로부터 벗어나 자신들만의 기준과 잣대를 형성하고 외부를 향해 하나의 목소리를 개진하면서도, 내부적으로는 각각의 사회적 배경에 따라 소규모 모둠으로 나뉘면서 사안에 따라 이합집산을 반복했던 것이었다.

국학 유생들의 문화는 지방 유생들과 상호 공유되었을 것으로 보인다. 이는 집단으로 과거를 요청했던 사례에서 잘 드러난다. 1487년(성종 18) 2월, 세자世子가 입학入學한다는 소식이 퍼지자 외방 유생들은 별시를 예상하고 미리 상경했다. 이 소식을 들은 성종은 전례를 조사해 별시를 시행했다. 상경하는 유생들이 헛걸음하지 않도록 그들의 요구를 들어준 것이었다.

1488년(성종 19)에는 이보다 더 직접적인 사례가 확인된다. 시학視學 후 별시를 시행하지 않기로 하자, 유생들이 상서上書하여 직접적으로 별시를 요청한 것이었다. 그러자 대간은 유생이 먼저 과거 시행을 청하는 일은 없었다면서 상서를 올린 유생들을 처벌하자고 했다. 이 사례에서 주목되는 것은 도성의 유생들이 외방 유생들에게 상서할 것을 먼저 제안했고, 외방 유생들이 이 제안을 받아들여 추진했다는 것이다. 즉 시학 후 별시를 하지 않는다는 정보를 입수한 도성 유생이, 시학 후 별시가 있을 것이라고 예견하고 상경하는 외방 유생들로 하여금 '멀리서 왔다'는 것을 근거로 활용하여 상서를 올리게 한 것이다. 주위의 반대에도 불구하고 성종은 상서를 올린 주동자만 처벌하고 별시는 시행하기로 했다. 이 사례는 도성과 외방 유생들 사이의 연결 고리를 보여 준다.

이 외에도 알성이나 원손의 탄생 등 각종 축하 이벤트가 있을 때마다 외방 유생들은 과거를 예상하고 상경했는데, 앞선 사례를 보았을 때 이러한 정보 입수는 도성의 유생들을 통해 이뤄졌을 것으로 생각된다. 도성과 지방의 유생들은 하나로 연결되어 있던 것이다. 지방에서 도성까지의 물리적 거리와 이동하는데 소요되는 시간을 생각하면, 지방 유생들 입장에선 별시를 예상하고 미리 상경할 수밖에 없었을 것이다. 따라서 별시를 계획하지 않았더라도 그러한 수고로움과 실망하고 돌아갈 유생들의 사기士氣를 고려했을 때, 왕은 되도록 별시를 거행하고자 했을 것이다.

제사와 의례

　제사는 학문과 더불어 당시 교생 교육의 두 축이었다. 학문은 동·서재에서 수업을 통해 강의가 이뤄지고, 명륜당에서 특강이나 시험 등을 통해 사고를 확장하며, 그동안의 배움을 확인하는 시험을 통해 축적해 갈 수 있었다. 석전제는 '백성에게까지 참된 진리를 보여 준 데 대한 천하 사람들의 보답'이라는 의미를 담고 있었다. 이를 교육과 연결해 생각해 보면, 제사는 의례를 통해 성인의 가르침을 상기하고 체득함으로써 학문을 통해 더 나은 사람이 되어야 한다는 삶의 방향성을 스스로 찾게 하는 교육이었다. 대성전은 의례를 통한 교육이 이뤄지는 상징적인 장소였다. 물론 함께 의례를 행하면서 참석자들 간에 동류의식을 재확인하는 자리이기도 했다.

　그런데 이러한 의례는 지켜야 할 절차가 번거롭고 지루하며 어려운 것이었기에, 청년기의 교생들로서는 그 진의를 느끼며 성실히 의례를 수행하는 것이 어려운 일이었다. 실제로 향교에서 석전제가 지켜지지 않는다는 문제가 제기되고 있었다. 이와 관련해 『속동문선續東文選』에 실린 밀양향교의 사례가 주목된다. 여기에는 밀양향교 교생들의 행실을 꾸짖는 내용의 편지가 실려 있는데, 작성자는 김종직이었다. 이에 따르면 교생들은 향교에서 석전제를 지내고 음복飮福할 때 명륜당에서 기생을 부르고 음악을 들으며 음주가무를 즐겼다. 김종직은 교생들이 석전제의 의미를 생각하며 참여하지 않고 음복에만 관심을 쏟는다고 질책했다. 이러한 사례는 두 가지로 생각해 볼 수 있는데, 하나는 이 사례를 이례적인 사건으로 보는 것으로, 일부 교생의 일탈로 보는 것이다. 이러한 시각은 15세기 후반 향교 의례가 보편화되어 모두 잘 행해지고 있었다는 것을 전제로 한다. 다른 하나는 당시 교생들이 의례의 진의 여부와 상관없이 말 그대로 제사보다 젯밥에 정신이 있었다는 것이다.

현대 사회를 살아가는 우리도 다양한 의례를 경험한다. 입학식·졸업식이 대표적인 예이다. 그런데 입학식을 하면서 '내가 학교에 들어가는 이유'를 거창하게 생각하기보다는 이 의례를 행해야지만 교실에 들어간다는 흥분으로 입학식을 치르는 경우가 더 일반적이지 않을까? 졸업식도 마찬가지다. 나의 학교생활과 선생님들의 가르침을 되새기며 사회에 나갈 마음가짐을 다듬기보다는, 이 의례를 끝내야 졸업이라는 생각에 들떠 있다고 보는 것이 더 자연스러울 것이다. 이렇게 본다면 당대 교생들도 마찬가지였을 것이다. 실제 향교에서 석전제를 행하는 교생들은 성인으로서의 삶을 살기 위해 마음가짐을 가다듬기보다는, 눈앞에 보이는 젯밥을 먹고 음복을 하기 위해 석전제를 행했을 가능성이 더 높았을 것이다.

흥미로운 것은 김종직이 밀양향교의 교생을 꾸짖었던 때와 비슷한 시기에, 성종이 문묘 활용 방안으로 위패 대신 소상塑像 사용을 제안했다는 점이다. 성종은 명나라의 국자감과 평양·개성의 향교에 있는 대성전의 소상을 근거로 성균관 대성전에도 소상을 설치하자고 한 것이었다. 소상은 공자의 형상을 만들자는 것이었다. 성종의 제안을 들은 승지들은 즉각 반대했다. 반대 이유는 두 가지였다. 하나는 흙과 나무로 만든 공자의 형상은 불교의 불상과 다를 것이 없다는 것이었고, 다른 하나는 선대로부터 위판을 사용해 왔으니 그 전통을 이어 가야 한다는 것이었다.

성종은 원나라와 고려에서 소상을 사용한 것은 나름의 근거와 이유가 있었던 것이 아니겠냐고 반문하면서 재차 소상 사용 의지를 나타냈다. 그러자 당시 대신들은 대성전의 소상은 원나라부터 시작된 것이라고 하면서, 오랑캐의 습속에서 유래한 것을 고려가 모방한 것일 뿐, 근거가 없는 것이라며 거듭 반대했다. 그러자 성종은 "내 생각에는 소상을 쓰면 바라보기에 존엄할 것이다(予意以謂 用塑像 則望之尊嚴)"라고 소상 사용의 장점을 피력했다. 나무판에 글자만 적혀 있는 것보다 눈에 보이는 형태를 갖춘 것이 의례 참석자로 하여금 더 많은 경외감을 느끼게 할 수 있다고 판단한 것이었다. 이때의 소상 사용 여부가 어떻게 결정되었는지는 알 수 없다. 다만 만약 소상 사용으로 결정되었다면 그러한 기록이 있어야 할 텐데, 이후에도 소상 사용 기록은 찾을 수 없다. 아마도 계속해서 위패를 사용하기로 결정되었던 것으로 판단된다.

성종의 소상 사용 제안 이유는 두 가지로 가능성을 생각해 볼 수 있다. 하나는 당시 사람들에게 대성전의 의미를 잘 설명하기 위해 시각적인 경외감이 필요했다는 것이며, 다른 하나는 일정 정도의 사람들을 넘어 보다 많은 사람에게 대성전의 의미를 전파하기 위해 시각적인 요소를 추가하자는 것이다. 두 가지 가능성 가운데 앞서 살펴본 밀양향교의 경우와 연결해 생각해 보면 후자보단 전자의 가능성이 더 높다고 판단된다. 다시 말해 성종의 제안은 그 진의를 모르는 사람들이라고 할지라도 위패가 아닌 소상을 보도록 함으로써 존엄한 분위기의 시각적 자극을 통해 문묘의 이념과 권위를 느낄 수 있도록 하자는 것이었다. 이는 곧 성리학 문화를 더 쉽게 전파하기 위한 방편이었다.

앞서 언급한 것처럼 대성전에서 이뤄지는 제사는 백성들까지 참석해야 마땅했지만, 실질적으로 참석할 수 있었던 인사는 향교와 직·간접적으로 연결된 사람들로 한정되었다. 구체적으로는 수령·교관·교생·품관·향리·부로 등의 관계자 및 해당 군현의 유력 계층이었다. 이상과 달리 현실에서 석전제는 제한적인 공간에 제한된 인원만 참석했던 것이다. 성종은 이러한 사람들에게 더 효과적으로 성리학 문화를 전파하기 위해 위패보다 소상을 사용하자고 했던 것이었다.

이렇게 보았을 때 밀양향교의 사례는 위패 앞에서 진의를 깨닫고 의례를 행하는 것이 어렵다는 것을 보여 주는 사례라 생각된다. 성종은 위패만으로 유생들이 진의를 깨닫고 석전제를 행할 수 없다면, 시각적인 효과를 가미할 수 있는 소상을 사용하여 공자를 장엄하게 하고, 이를 통해 석전제의 위엄을 드높이려 한 것이다.

3

지방 학교의
교관과 수령

교관이란?

교관敎官은 학교에서 생도들을 가르치는 관직의 총칭으로, 오늘날 초·중·고등학교에서 학생들을 가르치는 교육공무원의 총칭에 해당한다. 오늘날의 선생님에 해당하는 당시의 표현은 사유師儒였다. 국학에서 생도들을 가르치는 관직은 학관學官이 라 불렸다. 향교의 사유는 별다른 호칭이 없었다. 따라서 교관 은 향교와 국학의 사유를 가르치는 총칭이지만, 국학의 사유는 학관이라 불렸기에, 일반적으로 교관이라 한다면 향교의 사유 를 가리켰다.

향교의 교관은 고려 때부터 있던 교관을 조선 건국 이후에도 그대로 유지해 주면서 시작되었다. 앞서 살펴보았듯이, 향교가 독립된 공간을 갖추는 속도가 군현마다 차이를 보인 반면, 향교 교관을 설치해 생도들을 가르치는 것은 빠르게 구현되었다. 세종 대에 접어들면 향교 교관의 실제 운영 방식이 『경국대전』의 교관직 운영 방식과 크게 다르지 않기 때문이다. 좀 더 구체적으로 들여다보면, 교관직은 교관직 자체의 개정이라기보다는 지방 제도 및 외관직 개편에 더 많은 영향을 받았다. 따라서 교관직 자체만으로 본다면 세종 대에 거의 대부분이 완성되었다.

조선 건국 이후 세종 대까지 교관직 개편 방향은 모든 군현에 문과 합격자를 교관으로 보낸다는 이상을 좇으면서도, 지방 사회 및 인력난의 현실에 적절히 대응하고 있었다. 현실에 대응하는 모습은 교관직이 교수·훈도로 정비되기 전까지 운영되었던 학장과 교도에서 잘 드러난다.

조선이 건국되었을 때, 향교 교관은 정규 외관직의 교수관과 비정규 관원인 학장, 이렇게 두 관직으로 운영되었다. 두 관직은 동일한 업무를 담당하고 있음에도 처우에 차별이 있었다. 이는 교육 현장에서 학장들의 교육 의지를 저하하는 요인으로 작용했다. 이러한 문제를 해결하기 위해 교수관 이외의 정규 관직을 신설하자는 의견이 제기되었지만, "학장을 훈도로 임명하는 것은 관작을 남발하는 것"이라는 대신들의 반대에 부딪혀 수용되지 않았다. 그래서 태종 대까지 향교 교관은 주·부에는 교수관, 군·현에는 학장을 두어 운영하게 되었다. 학장을 그대로 운영했던 배경은 국가 정책의 우선 순위와 전체적인 지방의 상황, 수령이 생각하는 시급한 일과 지방민이 원하는 일, 교관 수급 상황과 생도의 수 등이 복합적으로 뒤섞여 나타난 것으로, 관호가 낮거나 규모가 작은 고을에는 비정규 관원인 학장을 두는 것이 '지금 현재로서는 합리적이다'라는 판단을 내린 것이었다. 태종 재위 후반에는 교관의 출사 방법에 따라 문과 출신의 참상관일 경우 교수관, 문과 출신의 참외관일 경우 훈도관, 그리고 생원·진사일 경우 교도로 임명했다.

문과 출신자들을 본격적으로 향교 교관으로 제수하기 시작한 것은 1407년(태종 7) 1월, 성균관·교서관의 권지權知, 학유·정자들을 교수관으로 보내면서부터였다. 아직 정식 발령을 받지 못한 과거 합격자들을 향교의 교관으로 임명했던 것이다. 그리고 간혹 고위직에 있던 문신들이 죄를 받게 될 경우 그들을 향교 교수관으로 보내기도 했다.

교관직 정비의 방향은 더 많은 군현에 더 높은 수준의 교육을 제공하기 위한 것이었다. 원론적으로는 과거 합격자, 즉 문신文臣을 교관으로 보내는 것이 이상적이었다. 그러나 문신의 부족으로 인해 그렇게 할 수 없었다. 따라서 국가는 일정한 자격을 갖춘 사람, 즉 권지, 생원·진사들을 교관으로 보내려고 했던 것이다. 하지만 이러한 조치들에도 불구하고 비정규 관원이었던 학장은 계속 운영되었다.

임용 방법에 따른 차이

1494년(성종 25), 사천현의 유향소에서 훈도 오경이 열심히 가르쳤다면서 계속해서 근무할 수 있게 해 달라고 요청했다. 경상감사 이극균도 사천에 도착해 교생들을 강독시켜 보니 문리를 통한 자가 있었다면서, 오경이 계속해서 근무할 수 있게 해 줄 것을 요청했다. 이극균의 발언으로 보아 오경이 과거 합격자를 배출하지는 못했지만, 사천 유향소에서는 오경 정도의 훈도를 다시 만나기 어렵다고 판단했던 것으로 보인다. 이는 오경의 실력이 뛰어나서였을 수도 있지만, 사천의 원하는 교육 난이도가 생각보다 높지 않았을 수도 있다. 당시 교관의 수준은 해당 군현의 상황에 따라 상대적이었던 것이다.

그렇다면 교관이 되기 위해선 어떤 과정을 거쳐야 했을까? 당시 나온 지적을 보면, "외방 훈도는 취재할 때 대리시험이 횡

행하여 가르치는 것보다 재산을 모으는 데에 치중하는 사람이 많으며, 신급제로서 훈도에 제수된 사람은 '나는 곧 승진할 것이다'라고 생각하기 때문에 가르치는 일을 소홀히 해도 수령 또한 손님을 대하는 예로 대우하기 바쁘다"라고 지적했다. 이 지적은 다양한 정보를 담고 있는데, 우선 교관은 취재와 신급제 두 가지 경로를 통해 될 수 있었다는 것이 확인된다. 신급제는 과거 합격자를 말하고, 취재는 과거가 아닌 상대적으로 간소화한 시험으로서 출사하는 제도를 말한다. 즉 교관은 과거 합격자로서 발령을 받거나, 혹은 교관을 충원하는 훈도 취재 시험을 통과한 사람들로 구성되었던 것이다.

위 지적에서 또 하나 알 수 있는 것은 취재·신급제 두 출신에 따라 교관의 위상이 달라졌다는 것이다. 이미 지적에 나온 것처럼 훈도 취재 시험에서는 대리시험도 있었고, 임용 후에는 재산 축적에 더 많은 관심을 가진 사람이 즐비했다. 이는 취재를 통해 부임한 사람들의 강의 실력을 의심하게 만들기에 충분했다. 때문에 조정에서는 감사가 강의 실력을 평가해 가장 낮은 순위를 받은 자는 고신을 회수하고 군역에 차정시켰다.

반면, 과거 합격자라고 해서 훌륭한 선생님인 것은 아니었다. 과거 합격자는 그 자체로 권위가 높았기 때문에, 지역의 수령조차도 어찌할 수 없는 존재였다. 따라서 과거 합격자가 훈도

혹은 교수로 보임되면 해당 군현의 수령조차도 예를 갖추고 극진하게 대접했고, 부임한 훈도·교수조차도 가르치는 데 열중하기보다는 일종의 잠시 스쳐 가는 자리로 여기고 가르치는 데 소홀했다. 따라서 "신급제 권지를 외방 훈도로 삼으면 지나가는 자리로 여겨 열심히 가르치지 않을 것이고, 수령도 곧 승진할 것으로 생각하여 권면하지 않을 것"이라는 이유로 권지의 훈도 임용을 취소하기에 이르렀다.

당시 조정에서도 이러한 문제를 모르지 않았다. 성종 대의 대신이었던 윤필상은 "모든 고을에 적임자를 보낼 수"는 없다면서 "모든 고을의 훈도가 적임자가 아니라는 것 또한 인식해야" 한다고 했다. 그렇기에 훌륭한 인재를 교관으로 유입시키기 위한 방책을 마련했는데, 교관이 될 만한 생원·진사들의 경우 감사가 추천해 훈도에 임명할 수 있도록 하거나, 문신이 교수직으로 외방에 근무할 경우 '외방직을 역임해야 고위직으로 승진할 수 있는 규정'에 포함되도록 하는 등의 제도를 시행했다.

그럼에도 불구하고, 출사와 승진을 중요시하는 문화가 점점 주류가 되면서, 문과 출신들의 교관 기피 경향과 취재 출신자의 교관 선호 경향으로 양분되고, 이로 인해 전체적인 교관의 능력 저하 현상이 나타났다. 또 교관들은 자신의 사회·경제적 배경에 따라 교수·훈도를 거쳐 가는 자리로 여기는 사람과 그 자체가 목표인 사람 사이에 업무 태도가 달랐다. 다시 말해 교관의 마음가짐에 따라 수업 수준의 편차가 커졌다. 문과 출신자가 부임해도 교육의 질은 떨어질 수 있었고, 취재 출신자가 부임해도 교육의 질은 향상될 수 있었던 것이다. 그러나 전체적으로 교육의 질은 하락하는 쪽으로 기울어 갔다.

새로운 일자리, 교관

학교는 풍속을 변화시키는 핵심이었기에, 향교에 대한 국왕의 관심 또한 꾸준했다. 독립된 교육 공간 마련, 향교 운영을 위한 재원 마련 등 여러 요소가 점진적으로 갖춰져 가는 가운데, 세종 대에는 교관 파견의 전기가 이뤄졌다. 세종 대 교관직 변화의 핵심은 교도 확대였다.

세종 즉위 초반, 교도로 부임한 생원·진사들이 부임 후 곧 사퇴하여 교육 효과도 없을 뿐 아니라, 관에서 주는 급여만 낭비한다는 문제가 제기되고 있었다. 이조판서 정역과 호조판서 최이는 교도를 없애고 태종 대처럼 명망 있는 사람을 학장으로 충원하자고 했다. 생원·진사들에게 급여를 주면서 임용해 봤자 교육 효과가 크지 않으니, 이들 대신에 명망 있는 사람을 비정규 관원으로 임용하자는 것이었다. 이 둘의 의견은 나름 효율적이었다. 실제로 가르칠 의지가 있는 사람들을 구하기 어려우니, 이러한 사람들이 있을 때마다 임시로 고용하자는 것이었기 때문이다. 세종은 이 의견을 받아들였다. 이로 인하여 교관직제는 도호부 이상은 문과 출신자를 제수하고, 도호부 미만의 고을은 학장을 재설치하는 쪽으로 움직이려던 순간, 예조판서 허조의 반대에 부딪혔다.

허조는 학장은 관인이 아니고, 또한 정해진 급여가 없어 본인이 사용할 생활비를 가지고 부임해야 하기에, 사람들이 사실상 노역(戍役)처럼 여긴다고 지적했다. 그리고 이러한 문제로 인해 학장도 열심히 가르치지 않고, 생도들 또한 그런 학장을 스승으로 여기지 않는다고 했다. 허조는 모든 군현에 문과 출신자를 보낼 수는 없다는 현실을 전제하고, 이에 대한 대책으로 생원·진사 중에서 가르칠 만한 사람을 발탁해 교도로 임명하고 월봉을 주자고 했다.

향교의 교관 문제는 지방에서도 제기되고 있었다. 충청감사 정진은 지군사 이하 고을의 교관 문제를 제기했다. 그의 말에 따르면 지군사 이하 고을은 사실상 교도 아니면 학장뿐인데, 생원 등이 원점을 받기 위해 도성으로 올라가 교도를 맡을 사람이 없고, 학장은 학생들이 무시한다는 것이었다. 사실상 선생이 없어 학생들을 가르칠 수 없다는 것이었다. 그러면서 정진은 지군사 이하 고을에도 교수관·훈도관을 설치할 것을 요청했다. 이에 대해 세종은 앞서 허조의 제안을 대부분 수용해 500호 이상 고을에 훈도관을 설치하고 삼관 권지나 생원·진사를 보내도록 했다.

삼관 권지를 언급한 것은 문과 합격자를 보내야 한다는 목표치를 말한 것이라면, 생원·진사를 언급한 것은 현실을 반영한 것이었다. 실제로 삼관 권지보다 생원·진사 출신의 취재 합격자들이 주로 임명되었다. 이때 취한 세종의 조치는 500호 이상이라는 조건을 달았지만, 사실상 전국 군현에 정규 관원으로서 교관을 설치한 것이었다. 『경국대전』의 교수·훈도 체제는 이러한 세종의 조치를 이어받아 '500호 이상'이라는 조건을 삭제한 것과 다름없었다.

이후 고을의 호수가 500호 이상이 되었으니 교도를 파견해 달라는 요청이 계속 이어졌다. 『세종실록』부터 『세조실록』에 보이는 교도 파견을 정리하면 다음의 표와 같다.

왕	시기	도	군현	사유
세종	5년 4월 21일	경상도	개령현	500호 이상(531호)
	5년 6월 21일	충청도	보은현	500호 이상(612호)
	7년 2월 25일	충청도	진천현	500호 이상(550호)
	7년 10월 15일	평안도	무산현	500호 이상(×)
	7년 10월 15일	평안도	삼화현	500호 이상(×)
	8년 11월 12일	경상도	거창현	500호 이상(503호)
	8년 12월 6일	제주도	대정현	500호 이상(1,327호)
	8년 12월 6일	제주도	정의현	500호 이상(850호)
	9년 11월 2일	충청도	죽산현	500호 이상(만 500호)
	12년 1월 21일	경상도	영산현	500호 이상(506호)
	12년 1월 21일	경상도	언양현	500호 이상(680호)
	12년 1월 21일	경상도	울진현	500호 이상(502호)
	12년 1월 21일	충청도	덕산현	500호 이상(658호)
	12년 8월 2일	충청도	은진현	500호 이상(×)
	12년 8월 2일	평안도	벽동군	500호 이상(×)
	15년 2월 25일	경상도	비안현	500호 이상(만 500호)
	15년 2월 25일	전라도	무안현	500호 이상(만 500호)
	15년 2월 25일	전라도	함평현	500호 이상(만 500호)
	15년 윤8월 9일	전라도	임실현	500호 이상(만 500호)
	15년 윤8월 9일	전라도	무장현	500호 이상(만 500호)
	15년 윤8월 9일	전라도	옥구현	500호 이상(만 500호)
	15년 윤8월 9일	전라도	강진현	500호 이상(만 500호)
	16년 8월 4일	경기	통진현	500호 이상(만 500호)
	16년 8월 4일	충청도	아산현	500호 이상(만 500호)
	16년 6월 8일	평안도	삼등현	500호 이상(만 500호)
	16년 12월 29일	평안도	운산군	경사(經史)를 아는 자가 적음
	19년 12월 9일	함길도	홍원현	?
	20년 8월 23일	경기	천녕현	500호 이상(만 500호)
	21년 3월 8일	함길도	종성군	500호 이상(만 500호)
	23년 5월 23일	함길도	온성군	도호부 승격

108

문종	2년 3월 30일	강원도	횡성현	유랑으로 인한 호 감소(500호 미만)
	2년 11월 11일	경상도	군위현	500호 이상(1,560호)
	2년 12월 23일	경기	금천현	500호 이상(632호)
세조	2년 12월 23일	경기	장단현	500호 이상(1,022호)
	5년 1월 29일	경상도	풍기군	순흥부 혁파로 인한 호 증가
	9년 3월 2일	함길도	부령부	부(府)지만 오랫동안 교도가 없었음

표 3 15세기 교도가 처음 설치된 군현 현황

괄호 안의 ×는 정확한 호수가 표기되지 않은 경우이며, 사유의 ? 표시는 해당 군현의 승격 사유를 알 수 없는 경우이다

위의 표는 교도가 새롭게 설치된 지역을 시기순으로 정리한 것이다. 1434년(세종 16) 8월, 통진현 교도를 신설하면서 '법에 의해 교도를 두고'라고 한 기록이 확인되는데, 이는 교도 신설이 법적 근거를 가지고 행해졌다는 것을 말해 준다. 그런데 제주도 대정현·정의현에는 제주 경재소의 '대정·정의현에 비로소(始) 향교를 두어 각각 생도 50명을 가르치고 있으니 교도를 보내' 달라는 요청이 받아들여져 겸兼교도가 신설되었다. 제주의 경우 제주향교 교수관이 제주 전체를 담당했는데, 대정현·정의현에 향교가 신설되어 별도의 교관이 필요하게 되었던 것으로 보인다. 그런데 제주의 특수성으로 인해 학장을 구하지 못했던 것으로 생각된다. 본 고을에 학장을 담당할 인원이 없으면 타 고을에서 데려 올 수 있었지만, 제주도라는 지리적 한계로 인해 제주도를 벗어날 수 없었기 때문이다. 따라서 두 현의 겸교도는

수령이 교도를 겸했을 것으로 추정된다.

특이하게도 강원도 횡성현의 경우에서는 교도 폐지가 확인된다. 민호가 유망하여 호수가 500호 밑으로 내려갔기 때문이었다. 교도 설치 전까지 학장이 교육을 담당했다는 군위현의 예를 보았을 때, 교도가 폐지된 횡성현에는 다시 학장이 두어졌을 것으로 판단된다. 실제로 교도가 설치되지 못한 500호 미만의 고을에서는 학장이 생도들을 가르치고 있었다. 횡성현의 사례는 500호 이상의 교도직 신설 규정에는 반대로 500호 미만의 교도 철폐 또한 포함되었다는 것을 보여 준다고 할 수 있겠다.

표에 따르면, 대부분은 '500호 이상' 규정에 따라 교도직이 신설된 경우이다. 그런데 세종 대 평안도 운산군과 함길도 온성군, 1463년(세조 9), 부령부의 경우에는 호수 대신 지역적 특성을 이유로 교도가 설치되었다. 운산군의 경우 '평안도에는 경전과 역사에 능통한 자가 적으니 교도를 보내야 한다'는 이유로 교도가 설치되었다. 평안도의 경우 태종 대에 이미 서북면도순문사 조박의 요청에 의해 의주·이성·강계 등지에 유학 교수관을 두었던 전례가 있었다. 아마도 이 전례를 따라 교도직이 신설된 것으로 보인다. 온성군은 도호부 승격을 이유로 교도가 설치되었는데, 김종서의 발언에 따르면 새롭게 복속된 지역의 안전과 내지화內地化를 위한 정책의 일환으로 온성군을 부府로 승격시키고 그에 따른 혜택을 주었던 것으로 판단된다. 내지화란 것은 정복한 영토를 온전히 조선의 영역으로 만든다는 것으로, 향교는 해당 지역의 조선 동화同化의 최전선이었을 것이다. 교도 파견을 통해 성리학적 질서 보급을 도모했던 것이었다. 부령부는 부로 승격한 지 오래되었지만 이때까지 교도가 없었다는 이유로 설치되었다. 이 또한 온성군의 사례와 같은 이유였을 것이다.

이렇게 보았을 때 교도 설치 이유를 알 수 없는 함길도 홍원현 역시 내지화 정책의 일환으로 향교를 설치했던 운산·온성의 사례로 짐작해 볼 수 있을 것 같다. 지역적 특수성, 즉 국경지대로서 군사적 긴장이 팽배한 지역이면서 최변방이며, 동시에 여진 문화가 섞여 있기에 동화 정책이 시급했던 까닭으로 인해, 정치적 배경으로 교도가 설치된 것이었다.

마지막으로 위의 표를 통해 알 수 있는 것은, 세종 대부터 지방 군현의 호수가 늘어나고 있다는 것이다. 호수가 늘어난다는 것은 세금을 부담할 수 있는 사람들이 늘어났다는 것을 의미한다. 호수 증가는 고려 말부터 이어진 혼란상이 안정되고, 회복 단계에 들어섰다는 것을 보여 주는 것이라 할 수 있다. 그리고 이는 건국 초부터 꾸준히 진행되어 온 국방력 강화, 유이민流移民 정착 대책, 토지 개간 유도책 등의 효과가 복합적으로 작용하여 만들어 낸 결과물이었다.

교관은 양질의 일자리가 아니다

교도가 확대되면서, 향교 교관은 문과 출신자들과 취재 출신의 비非문과 출신자들로 양분되었다. 그런데 양쪽 모두에서 교관 관련 문제가 나타났다. 전자는 업무 태만 쪽으로, 후자는 관직을 받은 후 곧 관직을 버리는 현상이 사회문제로 등장했다.

문과 출신자들의 경우, 경외관 순회 제도가 없을 때는 교관 임용을 꺼렸다. 외관 임명은 좌천이라는 인식 때문에 외관 임용 자체를 꺼렸는데, 교관은 수령보다도 존재감이 미약했기 때문에 더욱 꺼렸다. 그러나 4품 이상의 고위직으로 승진하기 위해서는 외관직을 거쳐야 하는 규정이 생기고, 경외관 모두 돌아가며 임명되는 제도가 시행되면서 이러한 인식은 곧 없어졌다. 다만 문제는 다른 데서 나타났는데, 문과 출신자들의 경우, 앞에서 지적한 바처럼 그 희소성으로 인해 당사자와 해당 군현의 수령까지 교관을 스쳐 지나가는 관직으로 인식했던 것이었다. 특히 과거 합격 후 발령 대기자들을 교관으로 보내는 경우에는 '어차피 때가 되면 경관직을 받을 것이고, 근무한 만큼 승진 일수로 인정받을 수 있다'라는 생각으로 이른바 '시간 때우기' 식의 근무 태도를 보이기 일쑤였고, 수령은 이들이 경관직으로 임용받아 올라갈 경우를 대비해 근무 태도를 방관하다시피 했다.

발령 대기자들이 이러했기에, 현직 문과 출신 관료가 교관으로 부임할 경우엔 더하면 더했지 못한 경우는 드물었다.

이와 다르게 비문과 출신으로서 생원·진사가 교도에 임명되거나, 취재를 통해 교도에 임명된 사람들의 경우에는 임명 후 빠르게 사직하는 문제가 이슈로 등장했다. 이 문제는 관직을 구하면 관품을 얻을 수 있었던 규정과 관품을 획득하면 다른 관직을 받을 수 있었던 규정이 얽혀서 나타난 문제였다. 교도 취재에 합격하면 관품이 없더라도 교도라는 관직을 받았다. 이들은 교도라는 실직을 받았기 때문에 관품을 받아 정안政案에 등재되었다. 한번 관품을 받아 정안에 오르면 중죄를 받아 파출罷黜되기 전까지는 정안에서 삭제되지 않았다. 파직되었다고 하더라도 파출되지 않으면 계속 다른 관직에 임용될 수 있었던 것이다. 이들은 이 규정을 활용해, 취재에 합격해 교도에 임명된 후 부임을 미루거나 곧 사직을 청해 교도직을 그만두고, 다른 관직을 얻고자 힘을 쏟았다. 교도가 출사로로써 이용된 것이다.

그러면 이러한 현상이 나타난 배경은 무엇일까? 일반적으로는 교관직의 낮은 처우라고 알려져 있다. 실제로 흉년이 들면 재정 소비를 줄이기 위해 교도의 급여를 없애거나 줄이기도 했다. 그러나 이러한 상황은 방학으로 학생들을 집으로 돌려보내거나, 교관까지 집으로 돌려보내는 특별한 상황에 적용한 일시적 시행이었을 것으로 생각된다. 실제로 '교수관·교도는 과전을 주지 말자'라는 의견 대신 '교관은 민들의 자제를 가르치기에 그 책임이 중하다'라는 반대 논리에 의해 과전이 지급되었다. 그럼에도 불구하고 '교관의 처우가 열악했다'라는 인식을 갖게 된 것은 세조 대 교관의 녹봉이 달마다 지급되는 삭료朔料로 결정되고, 직전職田 또한 16세기 후반부터 사실상 사문화되었기 때문인 것으로 짐작된다. 따라서 급여 등의 처우가 아닌 다른 곳에서 이유를 찾아야 한다.

앞서 언급했듯이, 문과 출신자들의 교관 임용이 적었던 것은 문과 합격자의 희소성으로 인한 것이었다. 즉 물리적인 숫자가 적어서 임용 사례가 적을 뿐, 그들의 임용 수가 적은 것은 문제가 되지 않았다. 정도전의 동생 정도복은 성주교관으로 7년간 재직했고, 문과 출신이었던 박욱은 영해교관을 역임했다. 또 문신들이 좌천되거나 파직 후 복직할 때 교관에 임명되는 경우도 종종 확인할 수 있다.

그러나 이와 달리 취재를 통해 임용된 교관의 경우에는 여러 문제가 복합적으로 얽혀 있었다. 더욱이 문과 출신자보다 취재 출신자가 더 많이 임용되고 있었기에, 대다수의 향교에서 나타날 수 있다는 데서 더 큰 문제로 인식되었다. 취재 출신자의 교관 임용 후 퇴직 현상의 원인은 여러 가지가 있었겠지만, 앞서 언급한 바와 같이 관직을 얻고자 하는 사람들의 입사 목적으로 활용된 측면이 결정적이었다. 심지어 부역 면제를 위해 교관직을 얻고자 하는 사람도 있었는데, 이 또한 품계를 갖고자 했다는 측면에서 관직 진출로로써 활용했던 것과 사실상 같은 목적이었다.

평안도·함경도 지역 사례를 통해 교관이 된 후 곧 그만두는 현상의 구체적인 면모를 살펴보자. 기본적으로 평안도·함경도 지역은 학문學文에 능통한 자가 부족했다. 환경 또한 척박했고, 문화적으로도 삼남 지역에 비해 이질적이었다. 그래서 지역 내에서 교관을 역임할 수 있는 사람의 수 또한 적었다. 당시 조선 조정에선 이 지역들의 원활한 교관 충원을 위해, 지원 조건을 완화하거나 근무자에게 혜택을 주는 등의 유도책을 시행했다.

예컨대 평안도·함경도에 한하여 국가의 시험에 합격하지 않았더라도, 나이 40세 이상의 지원자라면 이조에서 사서·일경을 평가해 기록해 두었다가 빈 자리가 있으면 임용할 수 있도록 했다. 또 평안도·함경도 거주자라면 중앙에서 시험관을 별도로 보내 사서를 평가하고 합격자를 임용할 수 있도록 했는데, 곧 해당 도의 감사가 평가해 임용할 수 있도록 했다. 이러한 조치에도 불구하고 지원자 수가 적어 기존에 부임했던 자들이 8-9년에 이르러도 교대를 하지 못하는 경우도 있었다. 타 도에 비해 평안도·함경도는 애초에 지원자가 부족했던 것이다.

이처럼 평안도·함경도 교관 충원의 어려움이 지속되자, 이 지역 교관의 관품을 올리고 원하는 지역으로 발령을 내주는 파격적인 조치를 행했다. 이 조치는 엉뚱한 방향으로 나비 효과를 일으켰다. 도성에 거주하면서도 예조의 취재 시험에 응시하지 않고 평안도·함경도에 가서 감사가 주관하는 시험을 통과해 교관에 취임하는 일이 나타난 것이다. 관품도 타 교관에 비해 높았고, 본인이 원하는 지역을 골라 갈 수 있는 혜택이 응시자들을 유도한 것이었다.

이러한 폐단을 막고자 평안도·함경도 감사의 교관 취재는 매년 가을에만 실시하고, 그 결과를 예조에 보내면 예조에서 그들을 다시 평가해 서용하기로 했다. 또 평안도·함경도 교관으로 임용되는 사람은 친부모의 나이와 건강 등을 조사했다가 부임 후 20개월 이내에 친부모의 건강 등을 이유로 사직하는 사람은 명단을 작성해 6년 동안 재임용하지 않기로 했다. 그러나 이런 혜택과 규제 조항을 마련했음에도 불구하고, 양계에 교도로 부임하는 자들은 혜택을 목적으로 직을 받은 후 곧 그만두었다. 그래서 함경도는 함흥 이북, 평안도는 안주 이북에만 자품을 올려 임명하는 것으로 축소되었고, 20개월 안에 사직하는 자는 품계를 회수하게 되었다.

이처럼 평안도·함경도 교관의 경우, 처음에는 사람들의 지원을 유도하기 위해 자품을 올려주고 원하는 곳으로 발령을 내주는 혜택을 제공했지만, 점차 혜택만 바라고 직은 수행하지 않는 사람들이 늘어났다. 그러자 교관 유도책들은 점점 그 혜택의 폭이 줄었다.

평안도·함경도의 사례에서 드러나듯, 당시 조선 조정은 교관의 임용을 유도하기 위해 혜택을 제공하고, 임용 후 사직하는 문제를 해결하고자 혜택 회수 및 처벌 등의 대책을 마련했다. 그러나 끝내 이 문제를 해결하지 못한 것은 교관직 자체가 매력적인 관직이 아니었기 때문이다. 더군다나 외임을 기피하는 인식이 오래전부터 자리한 데다가 처우 또한 수령보다 낮았기에, 교관직은 원하면서도 실제로 근무는 하지 않는 현상은 없어지지 않았다.

교관직 문제의 근본적인 해결 방안은 모든 군현에 문신, 즉 문과 합격자를 보내는 것이었다. 그러나 문신 부족으로 인하여 모든 군현에 문신을 보낼 수는 없었다. 따라서 국가는 일정한 자격을 갖춘 사람을 교관으로 보냈다. 교도 취재는 문신을 보낼 수 없는 상황을 염두에 두고 마련된 것이었다. 교도 취재를 통해 교관을 발탁하게 되면서, 교관은 문과 출신자인 교수관과 취재 출신자인 교도로 양분되는 현상이 나타났다. 취재 출신이더라도 능력과 성과가 뛰어나면 교수관으로 승진할 수 있었고, 성균관 및 사부학당의 교관으로 옮겨 갈 수도 있었다. 그러나 이들은 교관 임용 후 사직을 통해 교관이 아닌 다른 직군으로의 재취업을 도모했다. 교도직을 받으면 외관이더라도 실직을 받은 것이었기에 정안에 등재되어 경관직에 임용될 수 있었기 때문이다. 즉 교관 임용 후 사직 현상은 교도직을 목적이 아닌 수단으로 바라보고, 관직의 시작점으로 교관직을 이용했기 때문에 나타난 것이었다.

다른 한편으로 좋은 인재를 교관으로 유입시키려는 시도 또한 계속되었다. 교관의 주 업무는 교생들을 가르치는 것이었다. 따라서 기본적으로 교육 능력이 요구되었다. 향교는 학교이기에 교육을 위한 행정 처리가 필요했다. 담당 서리나 혹은 교생에게 이를 담당하게 할 수 있었고 관할 수령이 책임자였지만, 어디까지나 실무 책임자는 교관이었기에 행정 능력도 갖춰야 했다. 또 교생들의 존경심을 자아낼 수 있도록 일정 이상의 업적, 즉 과거 합격도 요구되었는데, 이러한 모든 조건을 만족시키는 사람은 과거 합격자였다. 가르치는 능력과 시험 합격은 별개의 능력이었음에도 불구하고, 과거 합격자라는 업적은 주변 사람들로 하여금 모든 일을 잘 해낼 것이라는 기대감을 갖게 하기에 충분했다.

인재들의 교관직 진출 유도와 교관들의 교육 의욕 고취를 위한 제도적 개선은 꾸준히 이뤄졌다. 대표적인 것이 향교의 교수·훈도를 역임했다면 수령을 역임하지 않았더라도 4품 이상으로 올라갈 수 있도록 한 것이었다. 비록 일시적이지만 문신으로서 죄를 범해 파직되거나 좌천되어야 할 사람을 향교 교관으로 보내기도 했다. 이러한 조치들은 국가가 향교에 좋은 인재들을 꾸준히 보내려고 노력한 증거였다.

너무 높은 승진 평가의 기준

교관에 대한 근무 평가는 태조 대에 시행된 기록이 있다. 그러나 이때의 평가는 일시적으로 시행되었던 것으로, 꾸준한 평가는 아니었던 것으로 보인다. 1400년(정종 2), '외방의 교수관으로 여러 해가 되어도 승진하지 못한 자는 감사가 그 근무 이력 및 태도를 평가해 수령의 승진·좌천 기준에 따라 시행할 것'이라는 전교가 내려진다. 이것으로 보아 정기 인사 고과와 이를 통한 승진·좌천은 이때부터 시작된 것으로 보인다.

교관 평가에는 여러 항목이 있었지만 크게 보면 두 가지라 할 수 있다. 하나는 학생들을 얼마나 잘 가르쳤는지, 즉 학생들의 실력을 평가하여 교관의 업무 성과를 평가하는 것이었다. 다른 하나는 교관의 성실함, 즉 학생들이 얼마나 꾸준히 진도를 나갔는가로 평가하는 것이었다. 전자가 일종의 정성적인 요소를 보는 것이었다면, 후자는 정량적인 요소를 평가하는 것이었다고 할 수 있다. 다만 후술하겠지만, 전자의 평가 기준은 결국 시험 합격자 배출이었고, 이는 당시 경쟁률 등을 보았을 때 상당히 도달하기 어려운 지표였다. 따라서 시간이 갈수록 전자는 특출난 성과로 인정받기 시작했고, 기본적인 평가는 후자로 이뤄지기 시작했다. 그리고 전자를 보완하기 위한 보완책의 성격으로, 교관의 능력 평가를 위한 시험이 시작되었다.

평가와 관련해 주목되는 것은 평가 결과에 따라 해직은 그 즉시 이뤄진 반면, 승진은 연말에 가서야 이뤄졌다는 것이다. 평가 결과에 따른 처벌, 곧 해직은 교관의 업무 태도에 긴장감을 주입시키는 것이었다. 이와 반대로 평가 결과에 따른 포상, 곧 승진은 성취감을 불어넣음으로써 교관의 능동적인 업무를 유도하는 것이었다. 그런데 처벌과 달리 포상 규정은 1426년에 가서야 마련되었다. 승진 규정이 없어 교관에 재임용될 때 예전 품계 그대로 임용되니, 승진을 하지 못해 근무 의욕을 고취시키지 못한다는 것이 이유였다. 이러한 측면을 보면 처벌의 효과는 바로 나타나지만 단기적인 대안이었으며, 포상의 효과는 시

일이 오래 지나야 하지만 장기적인 대안이 될 수 있었다는 것을 보여 준다. 1426년 승진 규정의 신설 배경에는 '여러 군현의 교관이 부임한 지 10년이 넘어도 승진하지 못하니, 이걸 보고 누가 공부해 유자가 되겠는가'라는 지적이 있었다. '교관으로 가면 승진이 안 된다'라는 인식으로 인해 교관직에 가려는 사람들이 감소했기에 이에 대한 방비 차원에서 취해진 조치였다. 그리고 다른 한편으로는 교관들에게 승진할 수 있는 기회를 제공하여 권면하려는 것이었다. 1426년부터 교관에 대한 인사 평가가 본격화되었고, 성적에 따라 품계가 오르거나 임시직의 경우 실직으로 임용되었다.

그럼 구체적인 평가 조항을 살펴보자. 교관에 대한 평가는 감사가 순행하면서 행했다. 감사는 해당 군현의 향교에 들려 직접 생도들을 평가했고, 성과가 있다고 판단되면 교관의 근무 평가에 좋은 점수를 줬다. 이와 관련하여 1472년(성종 3), 전주향교 교관 탁중卓中의 사례를 살펴보자. 탁중은 전주향교의 교관으로서 7년간 근무하면서 생원·진사를 10명 배출시켰는데, 그 성과와 효력이 탁월하다고 하여 품계가 올라갔다. 전주는 부의 지위를 갖고 있는 대읍으로서, 대읍 중에서도 규모가 큰 편이었다. 그러한 곳에서 7년 동안 생원·진사를 10명 배출했다는 것은 2-3번의 시험, 즉 400-600명의 생원·진사 중 10명이 전주향교에서 배출되었다는 것을 말한다. 2-3번의 시험에서 10명의 합격자를 배출했다는 것은 적어도 1번의 시험에서 3-5명의 합격자를 배출했다는 것으로, 약 330개 향교에서 수많은 사람이 응시했을 시험에서 200명의 합격자 가운데 3-5명의 같은 향교 출신이 있었다는 것은 상당한 성과라 하지 않을 수 없었다. 따라서 탁중의 진급은 너무나 당연한, 어쩌면 너무 늦은 포상이었다.

그림 11 **전주향교 전경**, 국가유산청 국가유산포털에서 전재

탁중은 훌륭한 성과로 진급할 수 있었다. 그런데 이 사례를 뒤집어 생각해 보면, 탁중만큼의 성과를 거두지 못하면 인정받지 못했던 것이라고 볼 수 있다. 다시 말해 시험 합격자를 배출하지 못하면, 아무리 교생들을 잘 가르쳤어도 그 성과를 인정받지 못했다는 것이다. 이미 알다시피 범汎 문과 시험으로 볼 수 있는 초시·대과는 소수의 합격 인원과 높은 경쟁률로 인해, 합격자가 ○초시라고 불리는 것처럼 단계별 통과자라고 하더라도 지역 사회에서 높은 수준의 위상을 지닐 수 있었다. 이는 과거에 합격하는 것이 얼마나 어려웠는지를 단적으로 보여 주는 예이다. 따라서 과거의 합격에는 교관의 교육뿐 아니라, 교생 개인의 역량과 사회적 배경 등이 종합적으로 작용할 수밖에 없었다.

이러한 시험의 결과가 교관의 업무 평가에서 가장 큰 부분을 차지했기에, 교관의 업무 평가는 기본적으로 낮게 나올 수밖에 없었던 것이다. 예를 들어, 소과 합격자 200명 중 탁중에게서 배운 사람이 3명이라 한다면, 나머지 소과 합격자는 197명이었다. 197명이 모두 다른 향교에서 공부했다고 가정한다면, 약 130여 개 이상의 향교에서는 소과 합격자를 배출하지 못한 것이었다. 이를 교관으로 바꿔 생각해 보면, 130여 명 이상의 교관에게는 '특별한 업적'이 없었다는 것이었다. 학생들의 시험 합격 여부가 선생의 평가에 결정적 요소로 작용한다는 것은, 지금 현대 사회에선 생각하기 어려운 모습이다. 물론 학원에선 유명 대학 합격자 배출을 자랑하고 공립 고등학교에서도 그러한 면모가 있지만, 적어도 교육공무원의 평가에 입시 결과를 결정적 요소로 활용하지는 않는다. 그러나 당시 조선 사회에선 과거 합격자 배출 유무가 교관 평가의 가장 큰 요소였던 것이다.

탁중처럼 교생들을 잘 가르쳐 그에 따른 성과가 도출되었다면 합당한 포상을 받았다고 할 수도 있으나, 현실은 그렇지 않았다. 탁중의 사례는 '교관의 업무 평가에서 고득점 획득은 힘들다'는 것을 말해 준다. 다시 말해 탁중 정도의 성과를 보여 주지 못하면 교관으로서 성과와 효력을 인정받기 어려웠다는 것이다. 그리고 이는 당시 교관들 대부분에게 해당했다. 결국 업무 평가의 어려움이 교관들의 승진 정체 현상으로 나타나고, 이것이 교관들의 교육 의지를 감퇴시키자, 조정에서는 근무 일수를 채우면 성과와 상관없이 승진시키거나 정규 관원으로 임용하자는 논의가 일어나게 되었다.

교관이 향교에 출근하면 수령은 이와 관련된 기초 자료, 즉 교관의 출근표를 작성했다. 수령이 교관을 감독하도록 한 것이었다. 그런데 이 규정은 과거 합격자로서 일종의 인턴으로 근무하던 권지들의 향교 교관 부임을 유도하기 시작했다. 특히 교관의 출근일을 승진을 위한 근무일(仕日)로 인정하게 해 주면서, 권지들이 보다 빠르게 진급하기 위해 교관을 자원하기 시작한 것이었다. 상대적으로 정규직 임용과 승진이 빠른 승무원 권지보다 성균관·교서관 권지들의 지원율이 높았다. 물론 그렇다고 해서 모든 권지가 교관으로 부임한 것은 아니었다. 임시직이더라도 도성의 중앙 부서에서 근무하는 것이 더 유리하다고 판단했기 때문이었다. 따라서 권지들의 향교 부임은 중앙 부서에서의 승진에 관심이 없거나 빠르게 관직을 받고자 하는 특별한 경우에 해당하는 것이었다.

> 교생의 독서讀書 일과日課를 월말에 감사에게 보고하고, 감사는 순행할 때 일과를 근거로 시험을 보도록 해 학령學令에 의해 권징勸懲할 것. 그리고 그 결과를 장부에 기록하여 교관 업무 평가에 근거로 활용할 것.
> ─『성종실록』 성종 3년 2월 17일

이 사료는 1472년 예문관에서 마련한 「흥학절목興學節目」의 일부분이다. 이에 따르면, 각 교생은 날마다 공부한 부분을 기록해야 했고, 감사는 순행 시 이것을 근거로 교생 평가 시험을 실시했다. 교생들은 해당 시험의 성적 여하에 따라 포상과 벌을 받았다. 이는 당시 수업이 교생별 맞춤 강의로 행해졌다는 것을 보여 주는 것이며, 이러한 수업 방식이었다면 큰 강당, 다시 말해 명륜당과 같은 대형 건물은 굳이 필요하지 않았다는 것을 보여 준다. 또 학생들의 진도표를 바탕으로 시험을 실시하여 그 성적에 따라 효과가 있는 교관은 현縣, 군郡, 주州 순으로 승진시키고, 효과가 없는 교관은 파직시켰다. 감사가 행한 교생 평가 시험의 결과를 교관의 업무 평가 자료로써 활용했다는 데서 교생들의 학업 성적이 곧 교관 평가의 지표로 활용되었다는 것을 알 수 있다. 이는 교관이 평상시에 교육을 게을리하지 않고, 스스로 강의 능력을 높이도록 유도하는 것이었다. 하지만 향교 현장에서는 규정의 기획·도입 의도가 구현되지 않는 경우가 더 많았다. 날마다 공부한 내용을 기록한 진도표를 바탕으로 교생 평가 시험을 실시해야 하는데, 그러지 않고 감사가 도착했을 때에 학습하던 책을 가지고 시험 보는 것이 대표적인 문제였다. 여기서 제도와 현장의 차이를 목격할 수 있는데, 이는 향교에 대한 관리·감독 책임이 있던 수령과 감사 또한 '사람'이라는 데서 나타나는 것이었다.

수령과 통제

　향교 운영을 위한 제도적 체계와 외형적 요건을 갖췄다고 하더라도, 향교를 운영하는 사람의 인식 또한 향교에 상당한 영향을 끼쳤다. 즉 수령의 성향이 향교 설립 및 운영, 다시 말해 흥학興學의 성쇠에 상당한 영향을 끼쳤다.

　1401년(태종 1), 현 합천의 몽계사夢溪寺에서 백종법석百種法席을 개최했다. 당시 수령이었던 윤목은 공권력을 동원해 백종법석을 저지하고 몽계사에 저축되어 있던 곡식 300여 석을 압수했다. 윤목은 300여 석 중 일부는 잡공雜貢에 보충하고, 나머지는 향교에 보내 사용할 수 있게 했다. 이 사건은 태조 이성계가 신암사新菴寺에 갔을 때 옆방 중들의 이야기를 듣고 태종에게 이 사실을 조사하도록 하면서 알려지게 된 것이었다. 수령이 공권력을 동원하여 절의 법회를 강제로 중지하고, 곡식 300석을 가져가 사용하고 남은 쌀을 향교에 줬다는 데서, 불교가 아닌 유학을 중시하는 고려와 조선의 달라진 사회 분위기를 보여 주는 사건이었다. 향교와 관련지어 보았을 때, 이 사건은 수령의 의지에 따라 향교의 재정 상황이 달라질 수 있다는 것을 보여 주는 것이었다.

　『신증동국여지승람』에 실려 있는 다수의 향교 기문들에서도 향교 설립에 수령의 역할이 결정적이었다는 것을 확인할 수 있다. 수령의 역할에 대해선 아래의 사료가 주목된다.

관아 건물의 수리 여부는 수령의 현부賢否에 달린 것이 아니다. … 세상 물정에 어두운 사람과 작은 일에 자질구레한 사람들은 비록 공문서의 처리에도 땀을 흘리면서 소매에 손을 넣은 채 가타부타 하지도 못하니 다시 그 밖에 무슨 할 일을 할 수 있겠는가. 간혹 현능賢能하다는 이름이 있는 자는 시세를 곁눈질해 보면서 가만히 명성名聲만을 도둑질한다. 관서官署를 왜 수리하지 않느냐고 물으면, 곧 핑계하여 말하기를, '나라의 금령禁令을 위반할 수 없으며, 백성의 힘을 고갈시킬 수 없다' 한다. 비록 겉으로 평온한 듯 하지만 속으로는 실로 이럭저럭 세월만 허송하고 있는 것이다.

－『신증동국여지승람』권48, 「원주목·신증·궁실」

이 사료는 수령의 행태에 대한 서거정의 비판을 담고 있다. 서거정의 이 발언은 오늘날 우리 사회에서도 하나하나 곱씹어 볼 만하다. 특히 이른바 공무원 사회라고 불리는 곳에서 경청해 볼 만하기에 하나하나 자세히 살펴보자.

서거정은 첫 문장부터 관아 건물의 수리 여부는 수령의 명석함에 달려 있는 것이 아니라고 단언했다. 명석함이 아니면 무엇이란 말인가? 명석함이란 무엇을 의미하는 것일까? 우리는 보통 좋은 대학을 나오거나 석·박사 학위를 갖고 있으면 명석하다고 생각한다. 시험에서 좋은 성적을 거둬도 그렇다. 그러나 이런 사람들이 일까지 잘하는 것은 아니라는 것 또한 잘 알고 있다. 다시 말해 공부를 잘한다고 일을 잘하는 것은 아니라는 것이다. 서거정은 이러한 점을 지적하고 있는 것이다.

중략 이하부터의 문장을 살펴보자. 여기서부터는 관아 수리 여부가 왜 명석함과 관련 없는지를 설명하고 있다. 먼저 세상 물정을 잘 모르거나 작은 일을 처리할 능력만 갖고 있는 사람들은 공문서 처리에도 급급하기에, 더 이상 다른 일을 논의하는 것 자체가 불가능하다고 한다. 반면 똑똑하다고 알려진 사람들은 세상 사람들의 여론을 의식해 '백성의 힘을 낭비할 수 없기에 일을 하지 않는다'라고 답하고, 이를 통해 자신의 명성만 올리려 한다는 것이다. 즉 명석하지 못한 사람은 애초에 일을 벌이지 못하고, 명석한 사람은 자신의 명성을 올리는 일에만 관심이 있기에 일을 하지 않으려 한다는 것이다.

이러한 점을 염두에 둔다면, 향교 건축에 있어 가장 큰 변수는 수령의 의지였다고 할 수 있다. 이와 관련하여 산음향교의 사례를 살펴보자. 김종직은 산음현에 향교 시설이 갖춰지지 않았던 이유로 수령의 "관청의 직무 수행에 있어 감사監司로부터 견책만 받지 않으면 족하다. 나는 기타의 일은 알 바 아니다"라는 태도와 학관學官의 "아침저녁으로 음식만 배부르게 먹으면 족하다. 건물을 짓거나 수리하는 일은 내 힘이 미칠 바가 아니다"라는 태도를 지적했다. 김종직의 지적은 서거정의 지적과 동일하다. 수령은 견책을 피하기 위해 꼭 해야 할 일, 다시 말해 필수로 해야 하는 업무만 하면 그만이었다는 것이었다. 필수로 해야 하는 일의 대부분은 매일, 매달, 매년 등 주기적으로 해당 시기면 여지없이 해야 하는 반복되는 일들이 많았다는 점을 생각하면, 반복되는 일 이외에는 행할 의지가 없었음을 지적한 것이라 할 수 있다. 이는 오늘날 관공서에서도 마찬가지다. 반복되는 일 이외의 '새로운' 일을 벌이는 데 시간이 지체되거나 끝내 성사되지 못하는 경우를 종종 볼 수 있는 이유를 생각해 볼 수 있는 것이다. 이어지는 교관에 대한 지적 또한 수령과 유사하다. 출근해서 하루만 보내면 그만이라는 태도를 지적하고 있기 때문이다. 김종직은 뒤이어 '관찰사가 해마다 한 번씩 방문해 생도들을 평가하지만, 짐짓 생도들의 행실이 예에 어긋나지 않았다고 결론 내리고, 학사學舍의 수폐修廢를 묻지 않아 이런 일이 60년이나 지속되었다'라고 지적했다. 일종의 종합 감사를 행해야 할 관찰사가 의례적으로 향교를 관리·감독하고 있음을 지적한 것이었다. 요약하면, 김종직은 산음향교의 문제가 교관부터 수령, 그리고 관찰사까지 모두 '나의 일이 아니다'라고 판단하고 눈을 감은 행태에서 비롯한 것임을 지적한 것이었다. 다시 말해 서거정과 김종직은 특별히 잘하려고 하지 않고 문제가 없다면 현 상황을 바꾸려 하지 않는 모습을 지적한 것으로, 일종의 무사안일주의를 비판한 것이라 할 수 있다.

그림 12 **산음향교**(현 산청향교), 한국민족문화대백과사전에서 전재

『신증동국여지승람』에 등재되어 있는 향교 기문의 대부분에서는 수령이 부임한 후 고을이 잘 다스려져 평안해졌고, 이로 인해 향교 설립을 논의하여 향교를 설립할 수 있었음을 전하고 있다. 물론 이는 '수령의 현명함으로 인하여 고을이 평온해졌고, 따라서 토목공사를 하는 데에 전혀 부담이 없었다'라는 수사일 수도 있다. 그래야 수령의 칭송과 더불어 고을의 자랑거리를 '하나 더' 만들 수 있기 때문이다. 하지만 서거정·김종직의 공통된 지적을 함께 생각해 보면, 재건축·리모델링을 필요로 하는 향교들이 많았던 이유를 설명할 수 있다. 즉 군현의 여건이 허락하더라도, 향교 설립 및 수리 여부에 있어서는 수령의 의지가 관건이었던 것이다. 이러한 까닭에 수령들이 흥학을 소홀하지 않도록 수령 평가 항목(수령칠사)에 흥학 조건이 삽입되었다.

　1410년(태종 10) 10월 29일에는 좌사간 유백순柳伯淳 등이 상소하여, 수령들이 학교에 마음을 쓰지 않는다고 지적했다. 이에 대한 대책으로 마련된 여러 조항 가운데 '부임하는 날에 가장 먼저 알성할 것'이 제기되었다. 부임하는 날 가장 먼저 알묘하도록 한 것은, 조정에서 흥학에 관심이 많다는 것을 수령으로 하여금 알도록 하는 것과 더불어, 수령의 행동을 통해 향촌 사회에서 학교가 중요하다는 인식을 갖도록 하려는 것이었다. 태종은 이 안건을 포함한 여러 조항을 논의하도록 했는데, 이 의견은 대신들의 동의에 따라 곧 시행되었다.

한편, 홍학과 관련된 수령의 구체적인 역할은 향교에 대한 재정 지원, 그리고 시설 정비뿐 아니라, 강학·석전제 시행 등 향교 전반에 대한 관리·감독이었을 것으로 생각된다. 이러한 내용은 아래의 사료에서 확인된다.

> 여러 고을의 수령은 관사館舍의 기명器皿·상석床席 등은 조판措辦하는 데에 마음을 쓰지 않는 자가 없는데, 유독 학교에는 전혀 마음을 쓰지 않아 관우館宇가 퇴폐하는 데에 이르도록 하니 사람들이 거처할 수 없습니다. 또 교관의 공급供給에도 또한 뜻을 더하지 않으니, 실로 국가의 우문右文·권학勸學의 뜻을 어기는 것입니다. 이제부터는 관찰사가 통렬히 규검하여, 마음을 쓰지 않는 자는 근무 평가를 기다리지 않고 아뢰어 파출하고, 전우殿宇와 포진鋪陳 등의 물건은 수령이 교대交代할 때에 아울러 해유解由에 기록하게 하소서.
>
> - 『성종실록』 성종 3년 2월 17일

이 사료는 앞서 소개한 1472년 「홍학절목」 가운데 일부분이다. 여기서도 마찬가지로 수령들이 관아 건물에는 신경 쓰면서 학교 건물은 돌보지 않는 것과 교관에 대한 재정 지원 부족을 지적하고 있다. 그 이유를 설명하고 있지는 않지만, 수령들이 평가를 위한 업무를 행하고 있었음을 유추할 수 있다. 그러면서 이에 대한 대책으로 관찰사의 근무 평가 결과가 아니더라도 그러한 수령을 발각하게 되면 바로 해직할 수 있도록 했다. 그리고 향교의 건물과 기물들까지 장부에 기입해 수령들이 교대할 때 서로 확인할 수 있도록 했다. 이 조항에 따르면 향교 시설 및 기물 등에 대한 관리 책임자는 수령이었다. 평상시 향교의 시설 및 기물 관리는 교관과 교생들이 자율적으로 했겠지만, 건물의 노후화 등으로 인한 개·보수 등과 같은 부분은 수령의 책임하에 진행되었다는 것을 알 수 있다. 그런데 향교 관리에 대한 평가 항목이 없었기에, 향교를 신경 쓰지 않는 수령이 부임하면 향교 시설 및 기물 등의 개·보수 등과 같은 사업은 요원한 일이었던 것이다. 이 조항은 이러한 상황을 해결하기 위한 것으로, 향교 건물 관리 책임이 수령에게 있다는 것을 확실히 했다는 데에 의의가 있다. 이후 향교 보유 서적까지 해유에 기록해 수령들이 인수인계할 때 확인할 수 있도록 했다.

교관에 대한 재정 지원 관련 내용에서 알 수 있듯이, 향교 재정의 총괄 감독 또한 수령의 업무였다. 그중에서 가장 큰 비중을 차지하는 것은 학생들의 급식과 제사 비용이었다. 특히 석전제는 향교 제전祭田을 없애고 관에서 제수祭需를 공급하게 하면서, 제전을 통해 마련했을 때보다 더 안정적으로 제수를 공급할 수 있게 되었다. 물론 그렇다고 해서 늘 안정적으로 제수를 마련할 수 있었던 것은 아니었다. 간헐적으로 향교 석전제의 제수 공급이 불안정하다는 보고가 올라왔다. 이는 앞서 살펴보았듯, 수령들의 의지와 능력에 영향을 받았기 때문이었다.

1473년에는 수령들이 챙겨야 할 지방 고을 의례인 석전제의 역대 시조歷代始祖, 사직社稷, 여단厲壇 등에 사용되는 물건들의 관리가 소홀하다는 문제가 제기되었고, 이를 해결하기 위해 고을마다 전사고典祀庫를 세워 고을에서 행하는 제기들을 종합적으로 관리하도록 했다. 그리고 이 또한 감사가 순행할 때마다 점검하여 수령의 근무 평가에 반영하게 했다. 향교의 전사청은 이 조항이 세워지면서 세워졌을 것으로 추정된다. 물론 수령이 관심을 갖고 이미 별도로 전사청을 세운 경우도 있었겠지만, 향교 전사청은 대체로 이때 이후로 세워져 향교뿐 아니라 고을의 제사를 관장하는 기구가 되었을 것으로 생각된다.

여기서 하나 주목해야 하는 지점은, 이러한 조치가 내려졌다는 것은 수령이 신경 쓰지 않으면 석전제 등 지방 의례가 원활하게 행해지지 않았다는 것을 방증하는 것이라는 점이다. 그만큼 지방 고을의 현실은 수령에 의해 좌지우지되는 측면이 컸던 것이다.

성종은 여기서 한술 더 떠, 수령의 향교 보수 및 제기 관리에 관한 법 봉행 여부를 살피기 위해 불시에 감사원을 별도로 보내 감찰하고, 위반자가 있으면 자신에게 보고해 해직시킬 수 있도록 했다. 각종 시설은 시간이 흐르면 자연스럽게 낙후되기 때문에 지속적인 관리가 필요하다. 그런데 수령의 입장에서 재건축이나 대대적인 개·보수는 가시적인 업적이라 할 수 있지만, '꾸준한 관리'는 그러한 업적이 될 수 없었다. 지금도 그렇지만 그대로 유지하는 것은 업적이 아니기 때문이다. 따라서 성종은 위와 같은 규정으로 관리의 태만을 줄이고자 했던 것이었다.

향교에서의 강학은 교관이 담당했기 때문에, 수령이 유생을 직접 가르치는 일은 드물었다. 그러나 때로는 수령이 교생을 엄하게 가르치는 경우도 있었다. 삭녕군수 김화는 교생 이중말이 책을 읽지 않는다는 이유로 회초리를 여러 번 들었고, 이로 인해 이중말이 죽는 데 이르렀다. 그런데 김화는 이중말이 '병으로 죽었다'고 거짓으로 보고했고, 이것이 밝혀져 조정에서는 김화의 품계를 모두 회수한 뒤 도형 1년 6개월을 부여하고 영원히 임용되지 못하는 형벌을 부여했다. 그리고 죽은 이중말의 장례 비용으로 은 10냥을 징수했다. 이후 수령이 교생으로 하여금 공부를 잘하도록 하기 위해 회초리를 들다가 죽은 것이었다는 이유로 영원히 임용되지 못하는 형벌은 면하게 되었다. 즉 이 사건에서는 수령이 교생을 때린 것이 잘못이 아니라, 형벌을 남용해 죽게 만든 것이 문제였다. 조정에서는 이 사건을 수령이 교육을 위해 회초리를 친 것으로 보았다. 아마도 수령의 형벌권을 보장하기 위한 것이었을 것이다. 이 사례로 보아 수령의 개인적 성향에 따라 교생들에 대한 관리·감독 또한 차이가 있었다는 것을 알 수 있다.

위 사례에서 볼 수 있듯이, 향교의 운영 및 관리·감독에 수령의 영향력은 상당했다. 그리고 수령 포폄 항목에 흥학이 포함되어 있었기 때문에 수령들 또한 신경 쓰지 않을 수 없었다. 향교의 운영 및 관리·감독에 수령이 관여하는 부분이 많았지만, 흥학이란 근본적으로 학생들의 교육 성과가 드러날 때 가시적인 성과로 드러나는 것이었다. 교생 수가 많다든가 시험 합격자가 배출된다든가 하는 것들이 가시적인 성과의 징표였다. 따라서 소과·대과 합격 등과 같은 가시적인 성과가 있으면 수령 평가에서 가산점을 받았던 것으로 보인다. 그렇기 때문에 수령은 향교 운영 전반에 관여할 뿐 아니라, 때로는 직접 교생을 가르치기도 했던 것이다.

향교는 어떤 장소인가? 조선시대 향교는 미래의 인재를 기르는 학교였다. 그러나 모든 사람이 관료가 되어 나라에 이바지하는 것은 아니었다. 문·무과 시험에 합격하는 사람도 있는 반면, 관료가 되지 못하고 평범하게 농부가 되는 사람도 있었다. 향교의 교육은 기본적으로 소과·대과 응시자를 위한 커리큘럼을 갖고 있었다. 그러나 모든 교생이 소과·대과에 합격할 수 있는 것은 아니었기에, 시험 대비 교육만 한 것은 아니었다. 향교에서는 조선 사회에서 살아가기 위한, 조선 사람으로서 갖춰야 할 덕목들을 가르쳤다. '삼강오륜'이 바로 그것이었으며, 궁극적으로 이는 국왕에게 충성하는 백성을 기르기 위함이었다.

시간이 갈수록 이러한 향교 운영에 만족하지 못하는 사람들이 많아졌다. 그들은 과거 합격을 위한 자신들만의 학교, 서원을 만들었다. 그리고 서원은 자신들 또한 소과·대과 합격자를 배출할 수 있는, 다시 말해 국가에 이바지할 수 있는 인재를 양성할 수 있는 곳이라고 피력했다. 국가는 이러한 서원의 결과를 인정해 사액을 내려 주었다. 준공립학교로서의 지위를 부여한 것이다.

이미 알다시피, 서원의 등장 이후 향교는 과거 응시자를 위한 교육 기능을 점점 잃어 갔다. 그럼에도 불구하고 향교는 조선이 멸망하는 그 순간까지 계속되었다. 그리고 조선은 학교가 그 어느 때보다 우리 조선에서 흥성興盛했다고 자부했다. 과거 응시자를 위한 교육 기능을 잃어버렸는데도 왜 계속 향교를 운영하고, 흥성했다고 평한 것일까? 필자는 이 이유를 향교의 또 다른 역할, 즉 조선 사회에서 조선 사람으로 살아가기 위한 교육을 했기 때문이라 생각한다.

조선에서 살아가는 모든 사람이 삼강오륜을 체득하며 살아가는 사회, 모두가 예禮를 알고 중용中庸에 맞게 행하며, 자신의 위치와 명분에 맞는 삶을 살아가는 사회. 조선은 이런 사회를 만들기 위해 향교를 세운 것은 아니었을까? 비록 1392년 조선을 건국한 즈음에는 그러하지 못했지만, 1592년 임진왜란으로 나라가 위기에 처했을 때 의병으로 나서고, 1910년 경술국치 때 조선을 부르짖은 것은 이들이 삼강오륜을 체득한 사람들이었기 때문은 아니었을까?

오늘날 대부분의 향교들은 관광지로서 그 소임을 다하고 있다. 이제는 약 500년간 향교를 거쳐 간 수많은 사람의 흔적조차 없지만, 한편으로 향교에는 조선의 이상과 현실의 괴리, 조선의 홍망성쇠가 모두 담겨 있다고 해도 과언이 아닐 것이다. 비록 복원된 공간일지라도, 향교의 의미를 되새기며, 의미 있는 장소로 기억되길 간절히 소망해 본다.